青春文庫

これを大和言葉で言えますか？【男と女編】

和の言い方なら、こんなに美しい！

知的生活研究所

青春出版社

はじめに——祖先が繋いできた鎖——「男と女の大和言葉」をじっくり味わおう

この本を手に取ってくださったあなたは、女性でしょうか、男性でしょうか？　結婚していますか？　恋人は？　では、恋い慕う方はいますか？

私たちの祖先をどんどん遡《さかのぼ》っていくと、一人の男と一人の女に行き当たります。決して男か女、一人ではありません。必ず、男と女がいるのです。そうして、今に至るまで途絶えずに、男と女が鎖のように絡み合ってきたことの証明、それこそが私たちなのです。それは人に限ったことではなく、今生きる動物のすべては同じ「鎖の果て」の存在であるといえます。

そして動物のほとんどは、子孫を残すためだけに異性を求め、受精が可能な時期（発情期）のみ交尾し、子孫を残します。しかし人は、恋心の対象を子作りが可能な異性に限らず、妊娠を目的に交際するわけでもなく、せっかく番《つがい》となっても、こっそり違う相手に逢いに行ったりするのです。

そんな動物的には不可解・不条理なもの、すなわち、年がら年中恋に思い悩み、実れば有頂天になり、別れては泣きといった恋の風景は全て、言葉に描写されてきました。その他にも男、女、それぞれ素晴らしさとその違い。夫婦の契りを交わす喜び、それを壊してしまう浮気や不倫。制御不能な嫉妬心から、男女に起こる罪に至るまで。すべての事象・心の有り様には、ちゃんと名前＝言葉があり、言霊が託されています。

本書では、そうした男女・恋愛に関する言葉を厳選しました。また「味わい深い日本語表現」という点に重きを置き、日本独自の訓読み表現を主としたものの、それだけに固執なかったのも特徴です。学術的な区分けにこだわらず、長い年月、日本人が慣れ親しみ、愛し続けてきた言葉、それを本書では「大和言葉」と位置づけています。

言葉は生き物です。今こうして私たちが出会える言葉は、たくさんの時代を経て、その時々に人の口に上り、文にしたため、物語に編まれてきたものです。人が忘れたとき、言葉は生涯を終えます。

私たちは、祖先からの思いの詰まったこれからの言葉を、ぜひ大事に生かしていきたいものです。言葉の意味する気持ちになったとき、行動をとったとき、口にし、綴るだけで、言葉は生気を放ちます。同時に、古の人々の思いに深く共感できて、「大和に住まう人」としての喜びを感じられることでしょう。

これを大和言葉で言えますか？ 男と女編

和の言い方なら、こんなに美しい！——目次

はじめに ―― 3

【第一章】
男と女
イザナギ・イザナミの子孫たち ―― 17

そこにいるだけでいい…女の存在感 ―― 19
見つめるだけでもいい…女の美しさ ―― 22
言葉で辿《たど》る花の命　女の一生 ―― 25
良いも悪いも酸いも甘いも　男の存在感 ―― 27
女にモテることこそ正義！　好男子の生態 ―― 29
孕《はら》み産み出す女の言葉 ―― 32

【第二章】

恋の一生
男がいて女がいて恋が生まれる ―― 33

ただ戸惑うばかりの激情　恋の始まり ―― 35
攻めるか忍ぶか二者択一　片思いの身悶え ―― 38
思い思われ比翼連理　恋は盲目 ―― 42
大人の教科書(壱)　恋の生物学 ―― 47
大人の教科書(弐)　恋の人間関係学 ―― 49
大人の教科書(参)　恋の気象学 ―― 51
大人の教科書(四)　恋の地理学 ―― 52
大人の教科書(伍)　恋の雑学 ―― 53

【一発変換】
恋心・症状別　まだまだ軽症～早期発見・早期治療を ―― 54
恋心・症状別　そろそろ泥沼目前～今のうちに要加療 ―― 55
恋心・症状別　完治か死か？～ご愁傷様でした ―― 57
鼻毛は抜くべし　イモリの黒焼き恋愛技能 ―― 58

【第三章】
まぐわひ
お床の中の蜃気楼

お床の中の蜃気楼 ―― 61
まぐわう、まぐわえば…まぐわうとき、まぐわえ！ ―― 63
恋やら愛やらしとどに…愛欲の湿り気 ―― 67
腕を磨いて全力登板　房中、閑なし ―― 72

【一発変換】何を恋しと泣くのやら　独り寝の哀しさ十人十色 —— 75

【第四章】
郭言葉の摩訶不思議
「苦界にお出でなんし」 —— 77

遊郭の塀の中　男の極楽、女の地獄 —— 79
お金と恋の重さは同じ　徒花と銭花 —— 82
さながら蜜に群がる蜂　郭通いの男達 —— 86
嘘が女か女が嘘か？　指切拳万怨節 —— 88
迷い込んだか住み着いたか　郭の中の動物たち —— 90

【一発変換】衆道を味わってこその男道　異端ではなかった時代の言葉たち ―― 91

【第五章】

武士の覚悟・公家の風雅

かの時代の矜持 ―― 95
世界のヒーローSAMURAI　武士は桜木 ―― 97
三千人で競う妍　大奥の奥の奥 ―― 100
【一発変換】
武士と対極・優美な公家世界　女房言葉の食材・食事編 ―― 103
武士と対極・優美な公家世界　女房言葉の体と病・気持ち編 ―― 106

【第六章】
何だかんだとやっぱり夫婦
宿六と鬼嫁の二世の誓い ―― 109
婚約から華燭まで　酒酌み交わす日ノ本の祝い ―― 111
親より長く添う相方　仕合わせな夫婦の幾星霜 ―― 113
月並みながら喧嘩するほど…　馴染んだ番《つがい》の言いたい放題 ―― 117

【第七章】
不倫で浮気な常世の倣《なら》い
泥沼・昼顔・秘事・迷路 ―― 119
罪悪感の甘い香りに誘われて　理なき扉が音なく開く ―― 121
気がつけば沼底の竜宮城　現《うつつ》の法は藻屑《もくず》 ―― 124

【第八章】

嫉妬の業火《ごうか》を見よ

火と燃え般若と化す哀しみ

火と燃え般若と化す哀しみ――129

「可愛いな～♡」と思われるレベル　○○が、あらばこそ――131

焔焔《えんえん》に滅せずんば炎炎《えんえん》を如何せん　修羅道を往け――133

物語の中で身悶えする　悋気《りんき》の女君・男君――137

【一発変換】

罪の形は世に連れない　男と女の犯罪遍歴――139

【第九章】
時は秋、空は雨、夜は離れ
幕切れの情景に佇《たたず》んで ―― 143
肌寒さが身に染みるようになり… 終わりの予感 ―― 145
やがて秋風が涙をのせて… 終わりの季節 ―― 147
「もう駄目ね、私達」 夫婦別れの抄 ―― 149
「もう駄目だよ、俺達」 恋の終焉の抄 ―― 151
そして季節は変わる その涙が乾くまで ―― 153
人生は下れば上るの繰り返し 「まさか」という坂 ―― 156

【第十章】

正々堂々戦おう慄《おのの》こう

ロクデナシの罵詈雑言 —— 157
あーもう、一昨日おいで！　その性格無理！ —— 159
あんたね…その言い方！　口、悪すぎ、うるさすぎ —— 162
全くもって気に入らぬ　大馬鹿者め！ —— 164
どうしても受け付けられません　お門違い！ —— 166
ごめん…悪い癖とはわかっているけど　面食いで♪ —— 168
【一発変換】
艶事だって貶《けな》し合い　この色狂いめ！ —— 171

男女の秘所　女体は〝食するもの〟の如く ── 174
男女の秘所　男体は様々なものにたとえられ… ── 177
善き男と佳き女の人生訓 ── 180
索引 ── 184

編集協力／伊藤叶
本文デザイン／中原克則（STANCE）
扉イラスト／いずみ朔庵
DTP／ハッシィ

第一章 男と女
～イザナギ・イザナミの子孫たち

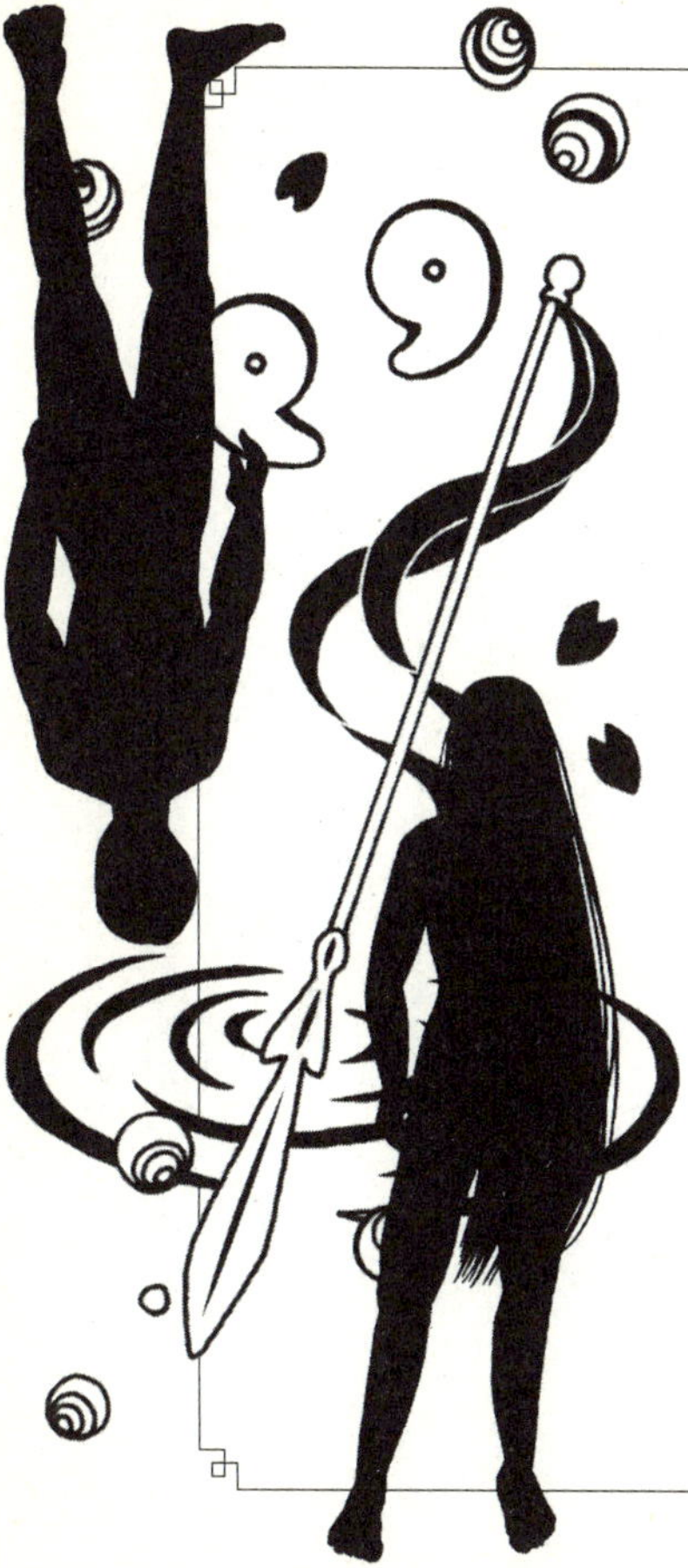

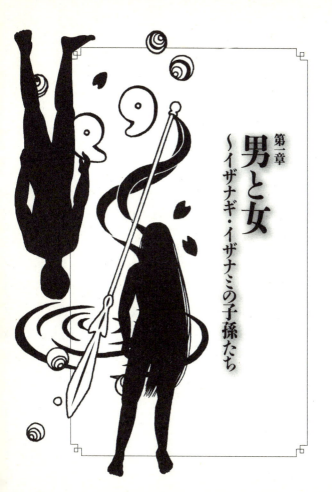

日本最古の歴史書『古事記（こじき・ふることふみ）』には、男神・伊邪那岐（イザナギ）と女神・伊邪那美（イザナミ）は、力を合わせて島々や神々を生み出したと記されています。

この二神はまず、お互いを褒め称えました。「なんて美しい乙女なんだ！」「なんて美しい少年なんでしょう！」……神の世界でも、男女の間には言葉が行き交って、互いの絆を強めていったというわけです。

そして、イザナミの余計なところと、イザナミの足りないところを埋めて、二神は夫婦となりました。神に対して恐れ多いのですが、言葉で愛を確かめ、結ばれる点においては、現代の私たちとなんら変わりません。私たちは確かに、イザナミとイザナギの子孫なのです。

そこにいるだけでいい…
女の存在感

【婀娜っぽい】あだっぽい

なまめかしい、色っぽい、美しい、艶っぽい……その存在自体が男を手招きしているような艶姿。

【艶めかしい】なまめかしい

「お色気ムンムン」の意味もあれば、「若々しく瑞々しい」や「上品で優雅」のニュアンスももつ多面的な言葉。

【奥床しい】おくゆかしい

奥＋行かし。心が行く＝（「行く」とは、そちらに惹かれる状態）＝心惹かれる。深い心遣い、一歩引いた立ち位置。大和撫子の生きるための知恵の一つ。

【あえか】

あえ＝零れ落ちる。弱々しく、幼子のような可愛らしさがある、という褒め言葉。例）あえかに若き新妻（与謝野晶子『君死にたまふことなかれ』）

【手弱女】たおやめ

優しい女性。遊女を意味することも。反対語は「益荒男（ますらお）」。27ページ参照。弱い＝保護本能をそそられる＝色気がある。草食系男子が生息しなかった時代の女性観。

【宜女】よろしめ

好ましい女のこと。「うむ、真に宜しい」と呟きながら、うなずく人の様子が見えるようで、今聞くとユーモラスな感もある言葉。

【清女】すがしめ

気品あふれる女を指す。「清」は、いつの世でも褒め言葉の最たるもの。

【色女】いろおんな

色＝女性の美しさ。また情事の意味も持つ。整った顔立ちで、色気も備えた女性。情婦・愛人・遊女を指す場合もある。男性の場合、「色男」。

【赤良乙女】あからおとめ

紅顔の美少年ならぬ、ほおを赤らめた美少女。健康そうに笑う、その笑顔が見えてくるような文字並び。

【懐子】ふところご

箱入り娘のこと。まさに「掌中の珠（しょうちゅうのたま）」。いつか手放さねばならないときの一悶着は、想像に難くない。

【女丈夫】おんなじょうぶ

気持ちをしっかり強く持っている女性のこと。英語でいうと、「ハンサムウーマン」。古くは木曽義仲（きそよしなか）の側室、「巴御前（ともえごぜん）」など。

見つめるだけでもいい…
女の美しさ

【乙御前】おとごぜ

妹娘、もしくは美しい娘をさす言葉。しかし、真逆の「美しくない女」を意味する場合も。使用時は要注意。

【顔佳人】かおよびと

文字どおり、「顔」が「佳い」女性のこと。どの時代にもいた「人形食い」（171ページ参照）の大好物。

【瓜実顔】うりざねがお

「瓜」の「実（さね）」＝種のような顔の意。色が白く、少し細長い形の顔。これが美人の条件とされた。ちなみに、眉は「柳」がよろしいとか。

【鈴を張ったような目】《すずをはったようなめ》

鈴のように丸く可愛らしい目の褒め言葉。かつては「男性は糸目がよく、女性は鈴を張ったような目をよしとする」という風潮があったそう。

【柔肌】《やわはだ》

しっとりと、やわらかな女性の肌を褒める際に用いる。ガリガリにやせた女性よりも、ふくよか系が連想される。中国でも楊貴妃の肌は、「凝脂（ぎょうし）」、脂肪が固まったように白く滑らかと讃えられた。

【雪を欺く】《ゆきをあざむく》

「肌の色が雪よりも白い！」ということ。昔から「色の白いは七難隠す」といい、美女の条件であった。白い肌に黒髪。日本女性の失いかけている財産。

【みどりの黒髪】《みどりのくろかみ》

黒々と、艶のある美しい髪。「みどり」は、色彩としての「緑」ではなく、新芽や若い枝などの象徴。黒髪少女が絶滅危惧種にならぬのを祈る。

【肉置き】ししおき

肉付きのこと。実は日本もほんの数十年ほど前までは、「食べられない時代」があった。よって肉付きがよいことも、女性の魅力のひとつであった。

【柳腰】やなぎごし

柳のように、細くしなやかな細腰。その持ち主は、原則、美女という設定。「ジーンズは26インチ」というより色っぽい。

【夜目遠目笠の内】よめとおめかさのうち

曰く、夜の暗がり、遠くから、かぶり笠の下からちらりと……このシチュエーションで女性は美しく見えるのだとか。

【～小町】こまち

「～」には地域名などが入る。平安のモテモテ女流歌人・「小野小町（おののこまち）」に由来。今はお頭（おつむ）の優秀さは問わないようだが、できるだけ伴っていて欲しいもの。

女の一生

言葉で辿《たど》る花の命

【二八】にはち

16歳のこと。娘盛り、もっとも美しいときのたとえ。昔はこの頃が嫁入り時だった。となれば、平成の時代では「四八」くらいが正しい?

【生娘】きむすめ

まだ性交経験のない娘のこと。処女、バージン。ほかに、「未通女(おぼこ)」「手入らず」など。

【新造】しんぞう・しんぞ

若い娘、新妻、下級武士や富豪な町人の妻、吉原の下級遊女など、複数の意味がある。人妻の場合は「御新造(ごしんぞう・ごしんぞ)さん」という。

【薹が立つ】とうがたつ

「薹」＝花茎。これが伸びて花をつけると固くなり、食用に適さなくなる。よって、盛りが過ぎる、年ごろが過ぎることを意味するように。特に中高年の独身女性に使われることが多い。

【中年増】ちゅうどしま

20〜32歳くらいの女性。ちなみに、13〜20歳くらいを「新造（しんぞう・しんぞ）」、32歳以上を「年増（としま）」、年増の中でも年長のものを「大年増（おおどしま）」といった。

【姥桜】うばざくら

若い盛りを過ぎても、充分美しい女性。もとは、葉が花より先に出てくる彼岸桜などを指して、「姥桜」といった。葉が出ない＝歯がないと転じて、歯のない老婆のたとえに。

【九十九髪】つくもがみ

老女のこと。九十九＝百歳に一歳足りない＝百から一を取る＝白。つまり九十九髪とは、白髪のこと。ちなみに平安の大プレイボーイ在原業平（ありわらのなりひら）は、九十九髪の女性と契ったらしい。流石。

良いも悪いも酸いも甘いも
男の存在感

【益荒男《ますらお》】

りっぱで、勇気もあって、強くて。「その御方はいずこにおわす?!」と、平成肉食系女子が狩りを始めたとしても、すでにレッドデータ……。

【侠気《おとこぎ》】

弱きを助け、強きをくじく。義侠心に満ちあふれた、頼りがいのある男の中の男。同じく、平成レッドデータか？

【雄雄しい《おおしい》】

「男らしい！」と「けなげに頑張っている！」の二つの意味が。いまどきの女子を讃える、「男前」というのに似ている。

【男伊達】おとこだて

男性としての面目を第一に行動するもの。「伊達」は戦国のおしゃれ武将・「伊達政宗（だてまさむね）」かと思いきや、実は当て字。本来は「立て」で、「いかにもそのように見せること」の接尾語の意味。

【今業平】いまなりひら

平安きっての美男&モテ男。「平成の在原業平（ありわらなりひら）ってくらい素敵～」といっても、きょとんとしているような相手なら名折れ。

【若気る】にやける

「薄笑い」の意味ではない。にやけ＝鎌倉・室町時代、位の高い男性に仕え、男色相手となった少年を指す。男色関係は91ページを参照。

【男切れ】おとこぎれ

「彼氏なし歴○年」というわけではなく、「わずかな男性の気配」のこと。男っ気。（例）「わが家は祖母・母・私の女所帯で、男切れなし」など。決して「男が途切れない」と誤解しないように。

女にモテることこそ正義！

好男子の生態

【優男《やさおとこ》】

容姿が上品で、優しげな男性。性格も含む。よい評価ばかりではないが、常に理想の男性像の上位に。恋人・妻限定か、博愛主義かで、痴話げんかの回数が変わる。

【雅び男《みやびお》】

洗練された、優雅なたたずまいと知性をもった男性。一般に、男受けより女受けがよい。

【浮れ男《うかれお》】

女性の香りに誘われて浮かれ歩く男蜜蜂。長所：欲望に素直、腰が軽い。短所：考えなし。

【一押し二金三男】いちおしにかねさんおとこ

女性にモテるために必要なものの順序。一番は押しの強さ、二番は金、三番目がハンサムであるということ。

【忠実男】まめお

忠実＝まめ＝誠実……という意味もあれば、色好みの風流人、情夫、はたまた平安きっての色男・在原業平を指す場合もある縦横無尽な表現。

【徒し男】あだしおとこ

浮気で薄情な男。忠実男の真逆だが、モテ度が変わらないのが「色は思案の外（いろはしあんのほか）」。

【女殺し】おんなごろし

たくさんの女性を惑わせる色男の中の色男。また性技に長けていて、褥の中で女性を半死半生状態にさせるテクニシャンにも称される。

【濡れ事師】ぬれごとし

濡れ＝恋愛・情事・色事がうまい人。主に男性。「色事師（いろごとし）」ともいう。

【据え膳】すえぜん

すぐ食べられる状態の食事の膳＝「今夜は私を召し上がって」とのたまう女性。これを食わないと「男の恥」というが、世の中には「美人局」（139ページ）というハニートラップもあるのでご注意を。

【男冥加】おとこみょうが

「よくぞ男に生まれけり！」という意味とともに「神様仏様のおかげでよい夫と巡り合える」ことにも使う。

【男時】おどき

女にモテて、金にも恵まれ、仕事もつきまくり。そんな好運に恵まれているときが「男時」。「女時（めどき）」はその逆。

孕《はら》み産み出す女の言葉

馬

うま。月経を指す。昔のサニタリーショーツ、月経帯を締めるのが馬に乗る様子に似ていることから。このほか、「行水（ぎょうずい）」「月役（つきやく）」「経水（けいすい）」なども。

初花

はつはな。初潮のこと。「初花が咲いた」と表現。なんとも風雅。

女医者

おんないしゃ。女医のことではない。堕胎専門の中条流（ちゅうじょうりゅう）の医者のこと。

えご六腑

えごろっぷ。人形浄瑠璃の世界の隠語。「えご」＝子供、「ろっぷ」＝五臓六腑。妊娠していること。

第二章

恋の一生

～男がいて女がいて恋が生まれる

古くから日本人は、その胸の思いを伝えるため、多くの「恋」を含んだ言葉を作ってきました。それは、人に限らず、「草」も「貝」も「鳥」も「猫」も……。

では、「恋」とは何ものなのか？　字の成り立ちから、その正体を考えてみましょう。旧字体「戀」の上の部分は、「つなぐ」「ひかれる」を意味します。それに、下に「心」が付いています。「言葉をよすがに、心を糸のように繋ぐ」。これが語源の一説です。

では、比べて「愛」は？　こちらを三分割すると、上部は「食べ物が喉に引っかかって息が詰まる」ことを表現しています。真ん中は「心」、一番下は、「静かに行く」。これらが統合され、「非常に強く心が打たれ、息が詰まるような気持ち」となるのだそうです。

ただ戸惑うばかりの激情
恋の始まり

【好いたらしい】すいたらしい

「いい感じだなあ、好きになっちゃうなあ」という気持ち。好ましい。「好きになったらしい」が転じたといわれる。

【香しい】かぐわしい

心惹かれること。『万葉集』でも「香具波之(かぐわし)」との表現が見られる。好きになったら、その人の体臭さえも好ましくなるもの。

【見初める】みそめる

恋心を抱くこと。そのほか、「初めて出会うこと」の意味も。さらには「初めて男女の契りを結ぶ」ことも指すという、男女のフルコースをまたにかける一言。この他「思い初む(おもいそむ)」など。

【まんざらでもない】

まんざら＝必ずしも。可能性ゼロではないよ、嫌いっていうより好きかも、憎からず思っているかもね、などという意味で使う場合が多い。

【筒井筒】つついづつ

「筒井筒」は丸い井戸を囲った竹垣であり、『伊勢物語』にあるお話のタイトル。筒井筒のまわりを遊び場にしていた幼馴染たちは、やがて初恋は実らせ結婚。しかし物語はそこで終わらず、男の浮気から元の鞘に納まるまでを描いている。

【ほの字】ほのじ

惚れること。最初の「ほ」の字をとったという洒落。「さてはアンタ、あの子にほの字だね?」とさらりと言えるのは、かなり色事に精通した御仁。

【世付く】よづく

恋を知るようになること。「世慣れ（よなれ）」ともいう。「世」は男女の仲を指す。よって、世心（よごころ）＝恋心の意味に。

【恋の端】こいのつま

恋のきっかけ。誘拐や監禁事件の加害者と被害者の間柄でも、その事件をきっかけに恋が生まれることがある（ストックホルム症候群）、この不可思議。

【鷲掴み】わしづかみ

わしづかみ。鷲が狩りをするとき、五本の指を大きく広げて、荒々しく獲物を掴む。それくらい激しく、心を「鷲掴み」されて恋を始められれば上々。

【男望み】おとこのぞみ

女性が男性の容姿・才能・財力などをえり好みすること。恋の淵にはまる前のお愉しみ。

【如何物食い】いかものぐい

「えー何でその人がいいの?」。常人では理解しがたい好みも、本人さえよければいい。それが正解。

攻めるか忍ぶか二者択一
片思いの身悶え

【徒惚れ】あだぼれ

片恋のこと。徒＝無駄な、実を結ばない、無益な。「徒惚れ」のまま終わらせないよう、がんばろう。反対語は「相惚れ（あいぼれ）」。

【片恋】かたこい

一方的に愛しく思う、だから「かたこい」。片思い。反対語は「諸恋（もろごい）」。ちなみに「片心（かたごころ）」となると、ちょっと関心がある、少しだけ気になっていると、ぐっと薄まるという言葉の妙。

【岡惚れ】おかぼれ

他人の恋人や愛人に、密かに恋すること。岡＝傍ら。よって「傍惚れ」とも書く。詩人の佐藤八郎が谷崎潤一郎夫人に恋をして、最後には夫婦となった「妻譲渡事件」は有名。

【密か心】みそかごころ

秘めた恋心。「秘密にしてね、実はね、私……」としゃべった瞬間、密か心はオフィシャルな話題になるので要注意。

【心妻】こころづま

思い人のこと。心の中ではよい。しかし行動に移すと、何かと問題が。

【下焦がる】したこがる

ひそかに恋心を募らせて、悩みに悩むこと。下＝心の底、表には表れない部分。焦がる＝焦がれる＝切なくて身を焦がすように熱く思い慕う。

【独り相撲】ひとりずもう

かつて神社などで行われていた神事に由来。精霊を相手に相撲を取る姿が、独りよがりの意味となった。

【うじうじ】

もともとは、小さい虫のはいまわる状態を指した言葉だったとか。そこから優柔不断、不明瞭に転じたよう。片思いを続けて、小さな虫のまま? それとも蝶になって花の元に向かう?

【色に出ず】《いろにいず》

いくら心にしまっておいても、表情や態度に表れてしまうこと。「忍ぶれど色に出でにけりわが恋は物や思ふと人の問ふまで」（平兼盛）。

【水に燃えたつ蛍】《みずにもえたつほたる》

水＝みず＝見ず、燃えたつ＝激しい感情。相手に会えないまま、恋焦がれもだえる様子を描写。

【高嶺の花】《たかねのはな》

「高嶺」＝高山の頂上。そこに咲く花＝手の届かないもの。高山の花、エーデルワイスは、アルプスの村にいた絶世の美女の生まれ変わりだという。彼女は、その美しさにふさわしい男がおらず、独身のまま天に召されたそう。

【身を知雨】みをしるあめ

自分の身の幸・不幸を思い知らせるかのような雨。片思い中は身に染みる。ちなみに日本語には、雨の種類が400以上もあるとか。

【時雨心地】しぐれごこち

時雨＝晩秋〜初冬に振る通り雨。そんな雨のように、ふいに涙が出そうになる気持ち。

【鞘当】さやあて

「恋の鞘当」は、二人の男が一人の女を巡って争う状態。路上ですれ違った武士が、お互いの鞘を当てあう状況を模したもの。現在では、女性たちが一人の男を争うときにも使っている。

【手折る】たおる

片思い、もしくは相手は承知していないにも関わらず、少々強引に男性が女性をものにすること。くれぐれも相手の意思を尊重すべし。

思い思われ比翼連理
恋は盲目

【諸恋】もろごい

相思相愛、両思いのこと。「相惚れ（あいぼれ）」「思い思われ」とも。恋の最高潮。こういう人達に「すこし落ちつけ」と進言すると「馬に蹴られる」

【首っ丈】くびったけ

首っ丈＝足のつま先から顎までの長さ。この状態で水につかって、まさに溺死目前、危険な状態。でも楽しいとは、これ如何に。

【魂合う】たまあう

魂が一つに重なる、結ばれる、通じ合う……『万葉集』の恋人たちも味わった至福。「気が合う」の数万倍か。

【不憎】《にくからず》

にくからず、つまり、愛している。憎からず、どころか「こんなに好きなのに、憎いはずがない」。

【浮き浮き】《うきうき》

地に足がつかないくらい、楽しいことを表した擬態語。これが「うき」だけになると、「憂き」となり真逆の気持ちに。

【私語】《ささめごと》

ひそひそ、内緒話。特に、男女が恋を語らう状態をいう。（例）「そこ、独り者の私の前で、私語は止めなさい！」。

【仕合わせ】《しあわせ》

出会うべき人と出会えて、心が満たされること。それが、「仕合わせ」。いまどきの言葉でいうと「リア充」。

【愛しい】かなしい

古い読み。愛しい気持ちは、つきつめていけば「悲しい」、さらには「淋しい」に似ている。だから「I miss you」。

【惑う】まどう

道に迷う、心が乱れる、うろたえる——そんなふうに愛に溺れる様。ほかに「眩む（くらむ）」「目くるめく」など。

【ベタ惚れ】べたぼれ

べた＝べったり＝隙間なく。誰も割り込んでこられないほど、これでもか！　と密着して愛を交わす男女。

【現を抜かす】うつつをぬかす

夢中になって心奪われる様子。現＝現実。先々の生活費やら嫁姑問題は、そっちのけということ。

【雲となり雨となる】

くもとなりあめとなる

恋人・夫婦の契り・絆の細やかなこと。自然からの恵みのごとく……。

【しんねこ】

男女が向かい合って、仲良く話をしている状況。中部〜中国地方の方言でよく聞かれる表現。歌舞伎の台詞でも登場。

【相合傘】あいあいがさ

一本の傘に男女がしっぽりと。相手が雨に濡れないよう、かしげている姿が可愛らしい。これが自分のほうに傘を寄せているようでは、終わりも近い。

【妻問い】つまどい

求婚。しかし今は「夫（つま）問い」も珍しくない。結婚が決まってからの言葉は、111ページで紹介。

【星合の空】 ほしあいのそら

年に一度の七夕、牽牛（けんぎゅう）・織女が出会うという逢瀬の空。「行合（ゆきあい）の空」とも。究極の遠距離恋愛。

【夕轟】 ゆうとどろき

夕方になると、恋心が募ること。「今頃何しているかしら?」「今夜あの人来るかしら?」。そのうち「雷」とならないことを祈る。

【遣らずの雨】 やらずのあめ

帰ろうとする人を引き止めるかのごとく、降り出す雨のこと。「帰っちゃ嫌」と言えない恥ずかしがり屋に、天が与（くみ）したかのよう。

【待宵】 まつよい

恋人を待つ夕暮れ時のこと。夕方開花する「待宵草」をもじり、「待てど暮らせど来ぬ人の宵待草のやるせなさ」とうたったのは竹久夢二。

大人の教科書(壱)
恋の生物学

【恋猫】こいねこ

さかりのついた猫のこと。春の季語。人の場合は「木の芽時(このめどき)」と言い、恋の病より体調不良になりやすい時期。

【妻恋鳥】つまごいどり

つまごいどり＝雉(きじ)の別名。雉は日本の国鳥でもある。「妻恋」は49ページを参照。

【水恋鳥】みずこいどり

アカショウビンの別名。水恋鳥は、前世に親の死水を取らなかった罰を受け、真赤な胸の毛が。それが水鏡に映って、水が火に見え飲めない。だから、「水が恋しい」と鳴いているのだそう。

【恋草】こいぐさ

恋の思いが激しく燃え上がる様子を、メラメラと草の生い茂るのにたとえた。

【恋忘れ貝】こいわすれがい

ワスレガイの別名。この貝を拾えば、恋の苦しさを忘れられるといわれている。せつなく相手を恋うる「恋患い」より、「恋忘れ」のほうが完治が難しいよう。

【恋忘れ草】こいわすれぐさ

萱草（かんぞう）の別名。こちらも、恋の苦しみから逃れられるとか。『新古今和歌集』でもうたわれている。

【指恋】ゆびこい

番外編、いまどきのメール恋愛のこと。平成若人も、こじゃれた言葉をお作りなさる。今も昔も恋の便りは待ち遠しいもの。既読スルー＝「片便り」はせつない。

大人の教科書（弐）恋の人間関係学

【夫恋】つまごい

「妻恋」とも書く。夫婦が相思相愛、互いに相手を恋い慕うこと。そのうち「徒比べ」（136ページ）などしないよう、身をつつしもう。

【恋妻】こいづま

恋しく思う女性、または妻のこと。「うちの愚妻が」を、「うちの恋妻が」といえる日本男児はなかなかいない。

【恋の奴】こいのやっこ

奴＝奴隷。恋に支配されている様子。「恋の虜」も同義。

【恋知り】こいしり

「物知り」ならぬ、色恋の道に通じていること。また、その人。「耳年増」よりも、ぜんぜん頼りがいがある。

【恋敵】こいがたき

恋のライバル。「色敵（いろがたき）」とも。自分の彼女や女房を寝取った相手は「女敵（めがたき）」。

【恋人】こいびと

こいびと＝恋している相手。相思相愛も片思いも含む。夫婦の間でも使用可。愛人＝恋した相手とは限らない。相思相愛か片思いかはあまり問われない。夫婦の間で使うと大問題。

【恋泥棒】こいどろぼう

誰かの恋を盗んだわけではなく、自分の恋心を持っていかれたという意味。つまり「愛しいあなた」の変化球。

大人の教科書(参) 恋の気象学

【恋風】こいかぜ

恋心のせつなさ。吹く風に身をさらされているかのごとく。「恋風」の趣深いフレーズは、182ページに紹介。

【恋水】こいみず

恋のために流す涙のこと。悲しみの涙か、喜びの涙か……。『万葉集』の「変水」の誤記から生まれたといわれる。

【恋闇】こいやみ

恋の暗闇。恋に耽溺し、理性を失っている。「恋の闇路(やみじ)」とも。恋の始まりは、「毎日が輝いて見える」などと言うものだが、日はまた〝暮れる〟。

大人の教科書(四)

恋の地理学

【恋の関守】こいのせきもり

恋を妨げる者の比喩。関守＝関所の番人。「この先は通せぬ」と止めるのが理性、「何が何でも行く」と強行突破する恋に狂う人の痴性。

【恋の山】こいのやま

恋にまどう心を、踏みこんで惑う山路に例えた語。世界三大聖人・孔子も迷うそうな。

【恋塚】こいづか

恋のために死んだ人を葬った塚のこと。特に、京都の鳥羽にある袈裟御前（けさごぜん・有夫でありながら、別の男から強く懸想され、夫の身代わりとなって死んだ平安末期の女性）の墓。

大人の教科書（伍）
恋の雑学

【恋川春町】こいかわはるまち

江戸中期の黄表紙（絵本）作者・狂歌師。狂号は「酒上不埒（さけのうえのふらち）」。

【恋路ヶ浜】こいじがはま

愛知県南部、渥美（あつみ）半島先端にある砂浜。名の由来は、高貴な男女の悲恋伝説から。平成の現世では、「恋人の聖地」に認定されている。

【貧の盗みに恋の歌】

ひんのぬすみにこいのうた

貧困→窃盗、恋→恋歌をうたう。必要に迫られればなんでもするのが人間、という意味。

恋心・症状別

まだまだ軽症〜早期発見・早期治療を

何を	こう言う	其の心は
なんだか素敵だなー	見愛ず	みめず。見て賞賛するレベル。すてきだと思って見る。
そっと心の中で…	下恋	したごい。心の中で恋い慕う、ひそかに恋しく思うこと。まだまだ。
もしや恋してる？	生恋し	なまこいし。なんとなーく恋しい。風邪の引き始めといったところ。

恋心・症状別
そろそろ泥沼目前〜今のうちに要加療

何を	こう言う	其の心は
私、今恋してる	恋うらく	こうらく。恋をすること。恋い慕うこと。「Fall in love」。
震えるほど好き！	恋震い	こいぶるい。武者震いではない。恋する心がわきあがってきて、思わず身震いすること。
あふれ出ちゃうよこの思い	恋余る	こいあまる。恋心が抑えきれないで、外へとこぼれ出る。コップの水がいっぱいになって溢れるように。

乱れ恋

どうしたらいいの？この思い

みだれごい。昭和の演歌のタイトルのようだが、『万葉集』時代にはあった言葉。恋心が千々に乱れる様子。

恋侘ぶ

好きになりすぎてどうしていいいか

こいわぶ。恋しさのあまり思い悩む様子。侘ぶ＝つらくて心細く、安らげない状態。

恋渡る

いつまでも思っているよ

こいわたる。長い年月のあいだ、恋い慕いつづけること。「長恋／永恋（ながこい）」。

恋の重荷

ちょっと辛くなってきた

こいのおもに。恋のせつなさや心労の例え。恋する権利があるとすれば、恋の義務のひとつ。

恋心・症状別
完治か死か?〜ご愁傷様でした

何を	こう言う	其の心は
もうどうでもいいや	恋醒め	こいざめ。あのころは恋心が沸騰して、触れると火傷しそうだったのに？　すっかり醒め、冷えてしまった――。
もう…お終いにする	恋止む	こいやむ。恋の気持ちがなくなる。ストップ。これもまた「失恋」。
生きるのが辛いほど好き	恋死に	こいじに。恋い焦がれて死ぬこと。「焦がれ死に」とも。死ぬ直前の状態は「消え侘ぶ（きえわぶ）」＝恋焦がれて、死ぬほどにつらいこと。

鼻毛は抜くべし
イモリの黒焼き
恋愛技能

【色仕掛け】いろじかけ

仕掛け＝策略。とある目的のため、性的魅力を武器に誘惑して、策略にはめること。ハニートラップ。

【しどけない】

ときにはダラシナイ姿をさらすのも効果的。ただし、◎胸元のボタンを一つ余計にはずしたブラウス。×毛玉だらけのジャージ。

【しなだれる】

「ねえ……いいでしょう?」なんて言葉とともに、男の肩先に頬を乗せ、斜めに体を預けてくる女。どこか悪女の匂いを感じつつも、鼻の下を伸ばす男の顔が透けて見える。

【品を作る】 しなをつくる

艶（なまめ）かしい所作で相手の色欲を刺激する、セミプロ〜プロの仕業。素人が行ったら、アマチュア免許取り上げ。

【斜に構える】 しゃにかまえる

素直じゃない。キザ。もとは剣道で、刀をまっすぐに相手に向けないで、斜めに構えることを指した。

【鼻毛を読む】 はなげをよむ

女性が自分に夢中な男を見抜いて、自由自在に弄ぶ様。少々馬鹿にした表現。「鼻毛を数える」「鼻毛を抜く」とも。

【手玉に取る】 てだまにとる

手玉＝お手玉。お手玉を上手に投げて遊ぶ様子から、自分の意のままに相手を操り、翻弄することをいうように。

【片便り】《かただより》

今で言うところの「既読スルー」。あえて返事をしない。相手を焦らす、追ってくるのを待つ……「そちも悪じゃのう」的テク。

【押しの手】《おしのいって》

猪突猛進、ともかく「好きだ、好きだ！」を繰り返す。相手が本気で迷惑しているのがわかったら、潔く止めなければ犯罪に。「攻めの一本槍（せめのいっぽんやり）」の表現も。

【惚れ薬】《ほれぐすり》

「媚薬（びやく）」ともいう。ハ虫類のイモリの黒焼きなどが、クラシックなメニュー。ちなみに「金銭」の別称でもあり、確かに金銭が惚れ薬になる場合もある。納得。

【抜け駆け】《ぬけがけ》

源平合戦の折、木曽義仲討伐軍に加わった武将たちが、どちらが先に着くかを争っていた。その際に、帯が緩んでいると嘘をついて、相手の馬の速度を遅らせて抜きん出た男が……。この逸話が由来に。

第三章

まぐわひ

～お床の中の蜃気楼

とある本に登場する飼い犬は、人と暮らし始めた後、ため息混じりにこう言います。「人間ときたら、ほんとうに気色悪い！　月のどの日でもセックスするんだから！」。なるほど、お説ごもっとも。犬の場合、雌が排卵して受精可能な時期＝発情期＝交尾期。その目的は、子作り。それ以外はありません。

しかし人は……。子作りを目的とせず、ただ快楽を求めて交じり合うこともあります。他の動物からすれば、まさしく複雑怪奇。特に日本人は、このジャンルに関して敏感だったのかもしれません。愉しさ、嬉しさ、大変さ、果てには哀しさ、空しさに至るまで、たくさんの言葉を生んでいます。なにせ、ここに上げたものは、ごくごく一部なのですから。

まぐわう
まぐわえば…
まぐわうとき
まぐわえ！

【艶事】つやごと

艶＝男女の肉体関係。いろごと。艶めいた間柄。ともかく、いかんせん、そういう事。

【目合い】まぐわい

性交のこと。目と目を合わせて、愛情を交し合うの意も。もともとは「目」＋「細し」。『万葉集』では「美しい」を意味したが、その後、男女の肉体的な美しい交わりを示すようになった。目を細める＝恍惚の表情。

【睦ごと】むつごと

性交のこと。「おしげり」との表現もある。遊郭で、「おしげりなまし」と言えば、「ごゆっくりお楽しみくださいませ」の意。

【とぼす】

性交のこと。「交合す」と表記することも。そのほか「ぼぼ」「祭り」「房事（ぼうじ）」「男す（おとこす＝男と性交する）」など。

【濡れ】ぬれ

情事・色事のこと。色事の話＝「濡れ話（ぬればなし）」、ラブレター＝「濡れ文（ぬれぶみ）」、情事に長けた人＝「濡れ者（ぬれもの）」、好色な坊主＝「濡れ坊主」、情事を仕掛ける＝「濡れ掛く（ぬれかく）」。

【みとあたわす】

男女の契りを交わされる。あたわす→あたう（交合する）の尊敬表現。『古事記』の中でも登場。

【密事】ひそかごと

男女がこっそり肉体関係をもつこと。密通。古より、明るい男女交際より通人向きで、味わいが深いとされる。

【肉欲】にくよく

相手に性的欲求を覚えること。「淫欲（いんよく）」、「愛欲（あいよく）」、「色欲（しきよく）」とも。

【新枕】にいまくら

初めて男女が一緒に寝ること。二人の物語のプロローグとなるか、エピローグに近づくかは、夜明けまでに決まる。

【枕を交わす】まくらをかわす

男女が共寝すること。それが何度もとなると「枕を重ねる」、そのうち子供ができて「枕を並べる」。深夜のコソコソ話に「枕をそばだて」て耳を澄ませ、まさか浮気かしらと「枕を濡らす」。そして思い悩む＝「枕を割る」。

【褥】しとね

布団を指す。セックス、情事の象徴。褥を交代する＝側室を交代する。

【臥所】ふしど

寝室、ベッドルームのこと。このほか「閨（ねや）」「房室（ぼうしつ＝夫婦の寝室）」など。

【おっこち】

情事、色事、もしくはその相手のこと。江戸時代、「恋女」「堕落」と書いて「おっこち」と読む文献が見られる。

【色】いろ

多くの意味を持つ言葉。そのひとつが、男性からみた恋人、愛人、情婦。「色」とは「色事」の「色」。純愛ではなく情事の匂いが立ち上る。

【鶺鴒】とつぎおしえどり

嫁ぎ教え鳥。セキレイのこと。『日本書紀』で、イザナミ・イザナギの両ミコトは、おたがい目交いの方法を知らずに困っていた。そこにセキレイの番いがやってきて、交尾を見せたことから。

恋やら愛やらしとどに…

愛欲の湿り気

【しっぽり】

全体的にしっとりと濡れている状態。こうした「湿り気」は概して、湯気が出るほど密着した男女の睦まじさを表現する。

【汗みずく】あせみずく

汗にぐっしょり濡れた様子。漢字では、「汗水漬」。褥の上で大運動会を開催したあとの状態。

【蝶々喃喃】ちょうちょうなんなん

いちゃいちゃ。べたべた。こちょこちょ。くちゅくちゅ。ちゅっちゅっちゅっちゅっちゅ……切りがないのでこの辺で。

【ちんちんかもかも】

なかよしこよしで睦まじいこと、または性行為を指す。ちなみに、男の人生初めての性行為は「筆おろし」、女の場合は「破瓜（はか）」という。

【懇ろ】ねんごろ

男女が深い仲になること。若者よりも、酸いも甘いも知り尽くした、中高年の男女が使うと似つかわしい言葉。

【濡れ気色】ぬれげしき

艶かしくも色っぽい風情。こちらも青少年より、何かと湿り気のある中高年にお勧め。

【裾っぱり】すそっぱり

好き者、淫乱などの意味となる。裾＝やんわり下半身を意味する。「裾腋臭（すそわきが）」＝女性器が臭うこと。

【腎張り】じんばり

精力絶倫の男性。または淫乱な女性。かつて精液は、腎臓で作られていると考えられていた。よって「腎虚」＝セックスしすぎで体調不良に。

【湿深い】しつぶかい

色好み、多淫。愛欲の果て、蒸し蒸しした淫気を含んだ布団の中を連想させる湿った言葉。

【強蔵】つよぞう

精力の強い男性のこと。となれば、弱いのは「弱蔵（よわぞう）」。男性としては、一生言われたくないマイナス称号。

【呂の字】ろのじ

キスのこと。昔から遊女は、「下の口は許しても、上の口は許さない」とか。そのほか「口吸い（くちすい）」。

【気が悪くなる】

きがわるくなる

機嫌を損ねる、ではない。かつての意味は、性的興奮を覚える、ムラムラすること。

【気をやる】

きをやる

性的絶頂を迎えること。「精をやる」とも書く。春画のなかで、目出度く「気をやった」人々曰く、「もうもう」「それそれ」「なんともかとも、たとえようもないわな」。

【がっかりする】

「テクニシャンだと聞いていたのに、がっかりだわ」……ではない。かつて、この言葉は「性交の後に満足して、心地よい疲労感や虚脱感を得ること」をいった。ご安心を。

【命の洗濯】

いのちのせんたく

性行為のこと。なかでも、ご無沙汰だったが久しぶりに……というニュアンスが。

【寝物語】ねものがたり

恋人・夫婦が同じ布団で横になりながら交わす会話のこと。睦言（むつごと）。ピロー＝枕。

【夜這い】よばい

夜、男性が女性の寝室に忍び込むこと。田舎だけでなく、江戸市中でもよく見られたとか。

【ちょんの間】ちょんのま

短時間の性交のこと。せわしない行為という意味のほか、時間のないときの逢瀬、早漏気味な性交をいう場合もある。遊里には、最下級の遊女のサービスとして、線香をタイマー代わりに使うショートサービス（約10〜15分）があったという。

【残り香】のこりが

恋人は帰ってしまったけれど、共に過ごした褥にはその人の香りが残って……。艶めいた後朝（きぬぎぬ＝情熱の一夜の後の朝）の情景。

腕を磨いて全力登板

房中、閑なし

【させ上手】させじょうず

男性がとろけるようなテクニックを持つ女性のこと。「床上手（とこじょうず）」と同義。

【よがり泣く】よがりなく

性交中、女性がよがり声を上げること。……が、嘘か真かは保証の限りではない。なお、「よがり声」の「よがる」の同音に「夜離（よがれ）」があるが、「よがり声」を上げた後の話。１４６ページ参照。

【空泣き】そらなき

娼妓や遊女が感じたふりをして、盛大なよがり声を上げること。また嘘泣きを意味することも。

【むしかえし】

第二回戦以降の性交。今この言葉を使うのは「昔の浮気話をむしかえして怒られる」など、決して色っぽくないことが多い。

【湯ぼぼ酒まら】

ゆぼぼさけまら

女性の場合は湯上がり、男性は酒を飲んだときが大変具合がよいそう。……が、嘘か真かは保証の限りではない。

【指人形】

ゆびにんぎょう

男性が指で女性器を愛撫すること。「くじる」とも。しくじらないように御注意。

【毛雪駄】

けぜった

男性が足の指を駆使して、女性器を愛撫すること。道を究めたいなら、手足フル動員して精進すべし。

【鵯越え】ひよどりごえ

「江戸四十八手」のひとつ。源義経が須磨一谷（すまいちのたに）に陣を構えた平氏を背後から襲った、「鵯越の逆落とし」（１１８４年）。これになぞらえ、源氏を男性、平氏を女性とした後背位の名称。

【茶臼】ちゃうす

茶臼山は、大坂冬の陣（１６１４年）で、徳川家康が本陣を構えた場所。また翌年の夏の陣では、真田幸村が討ち死にした地。つまり「天下がひっくり返される場所」から転じて、女性上位の体位に名づけられた。

【しずかに】

「ちょっと黙れ」ではない。「落ち着いて。ゆっくり、たっぷりに……ね」ってこと。

【助平】すけべい

「好き（好色漢）＋平（人物名の定番）」。「助」の字から、介抱すると見せて女性に近づくエッチな男、とする説も。

何を恋しと泣くのやら
独り寝の哀しさ十人十色

何を	こう言う	其の心は
どうせ今夜も独り寝中	素枕	すまくら。一人っきりで寝ること……「素うどん」的侘しさが漂う。「衣片敷く（ころもかたしく）」＝着物の片袖を敷いて寝る＝独り寝、の表現も。
思うに任せぬ恋に嘆き中	枕を濡らす	まくらをぬらす。悲しみに堪えず、夜ひそかに涙を流せば、枕がしとどに濡れていく。かつては二人の汗で、夜具を濡らしたものなのに。
優雅な表現で泣き濡れ中	夜の袂	よるのたもと。独り寝の夜の袖。「年をへて消えぬ思ひはありながら夜の袂はなほこほりけり」『古今和歌集』紀友則より。

亡き人を思って涙雨中

虎が雨

とらがあめ。夏の季語。旧暦五月二十八日の雨。鎌倉時代の武士、曽我十郎祐成（そがのじゅうろうすけなり）が討たれ、愛人の虎御前（とらごぜん）が、その死を哀しんで降らせる涙雨。

大奥法度に則り引退中

御褥すべり

おしとねすべり。「御褥御断り（おしとねおことわり）」とも。江戸時代の大奥では、三十歳になると、たとえ御台所であろうが、将軍と共寝はできなかったそう。残酷な決まり。

未恋女子・男子を実行中

世籠

よごもる。男女のことを知らないこと。何かをきっかけに「籠る」のをやめるのか、それとも一生咲かない花で終わるのか？

相手がいないので自習中

五人組

ごにんぐみ。男性の自慰のこと。五本の指を使うことから誕生。同義語の「かわつるみ」は、『宇治拾遺物語』にも登場する古い表現。

第四章

郭言葉の摩訶不思議

～「苦界にお出でなんし」

遊女たちは、どの時代にも存在しました。売春行為は、「世界で一番古い商売」ともいわれているくらいです。しかし、それが「楽しい商売」ではないことは、誰もが知っています。

ですから日本における遊郭は、「苦界」と呼ばれました。そこにあるのは女たちの、声に出さない阿鼻叫喚、色を失った血の涙、無理をして飲み干す泥水……人は、思いが深ければ深いほど、たくさんの言葉を作り出します。遊郭内にも数多、独特の表現が生まれました。それらの意味を紐解くことは即ち、彼女らへの鎮魂に繋がるのかもしれません。

そして同業といえる男娼にも、独自の世界が。武士道に繋がる歴史的背景も、ぜひ味わってください。

遊郭の塀の中 男の極楽 女の地獄

【郭】くるわ

もともと、城や砦の周囲を土や石などで囲ったものをいった。遊里も、そうした環境であったので、転じて遊女屋の集まっている地域を指すようになったとか。

【曖昧屋】あいまいや

あがっている看板は、料理屋や宿屋。しかしそこに遊女を置き、実態は売春をさせている店のこと。「曖昧宿」「曖昧茶屋」なども。「曖」も「昧」も「暗い」という意味を持ち、いかにも「暗くて怪しい店」の雰囲気が香る。

【敵娼】あいかた

客の相手の遊女のこと。「相方(あいかた)」は、パートナー、三味線の伴奏者を指す。

【裏をかえす】うらをかえす

逆説を指すのではなく、同じ遊女に2回会いに行くこと。1回目は「初会(しょかい)」、そして3回目となると「馴染み(なじみ)」となる。

【大引け】おおびけ

午前2時以後。かつて遊里で、その日の営業を終了、消灯して大戸を閉じる時間をさした。江戸新吉原では午前2時ごろ。「引け」は12時過ぎごろ。

【其者】それしゃ

それしゃ＝玄人＝遊女や芸者のこと。そのほか「商売人」などとも。

【春を鬻ぐ】はるをひさぐ

売春のこと。「鬻ぐ」の語源は、「手にひき提げる」。そこから「持ち歩いて売る」に。「春」には「恋心」「色情」「若さ」などの意味がある。

【色里】いろさと

いろさと＝花柳街、遊郭など。「色所（いろどころ）」も同じ意味だが、男女の愛情が深い土地の意味も。

【泥水】どろみず

玄人（＝芸者や遊女）の境遇の比喩的表現。よって、芸者や遊女になることを「泥水に身を沈める」、その仕事を「泥水稼業」ともいう。

【河竹】かわたけ

遊女の辛い身の上。「憂河竹（うきかわたけ）」「浮河竹の流れの身（うきかわたけのながれのみ）」など。

【白湯文字】しろゆもじ

女性の白い腰巻。遊女や芸者はまっ赤な緋縮緬（ひちりめん）だったので、一般の女性専用のもの。つまり、吉原などの公娼ではなく、私娼を指したもの。

お金と恋の重さは同じ
徒花と銭花

【花魁】おいらん

上級遊女。語源は数多、後輩女郎が「おいらんとこの姐さん」から。そのほか、人を化かすことから、「(キツネの)尾はいらん」＝「おいらん」。「おいらか(おしとやか)」の転じたもの、などなど。ちなみに「花魁」は当て字で、百花に先駆けて咲く、という意味。

【御職】おしょく

同類・同業のナンバーワンをいうことから、その店のトップ花魁を指すように。

【松の位】まつのくらい

遊女の最上位＝太夫職。また、大夫は、太夫(五位の官)の異称。その語源は、中国・秦の始皇帝(しこうてい)が雨宿りをした松に、大夫の位を与えた故事からだとか。

【遊行女婦】うかれめ

遊女のこと。『万葉集』には、旅する女として書かれている。中世には「傀儡女（くぐつめ）」「遊女（あそびめ）」「傾城（けいせい）」「上臈（じょうろう）」「白拍子（しらびょうし）」と呼ばれるようになり、さらに「女郎（じょろう）」「遊君（ゆうくん）」などの表現も。

【おちょぼ】

江戸時代、かわいらしい少女につけた名。または、関西の茶屋などで、遊女らの下働きをした15～16歳までの少女。そんな小さくかわいらしい意味合いから、すぼめた口を「おちょぼ口」というように。

【まだはな】

年をとってもお色気ムンムン、まだまだ現役の遊女のこと。

【蹴転】けころ

江戸時代の最下層の女郎のこと。お客を蹴って転ばせることまでして、店に呼び入れていた様子を表現。その後、「けころ」は「不美人」の意味を持つように。

【水揚げ】みずあげ

新米女郎が男性と初めて性交すること。「破瓜（はか）」「割る」「割られる」とも。吉原で行われた水揚げの儀式は、40歳以上の「その道の通」の男性に頼んだそう。

【揚代】あげだい

遊女と遊ぶ料金。「つとめ」、「揚げ銭（あげぜに）」、「玉代（ぎょくだい）」、「花代（はなだい）」などとも。

【明し花】あかしばな

一晩、遊女や芸者を独占したときに支払う代金。「夜を明かして花（玉代）をつける」ことから。

【御茶を引く】おちゃをひく

遊女にお客が一人もつかないこと。昔、客の付かない女郎が、茶葉を挽かされたことから出た言葉。

【総花】そうばな

客が店の全員、女中や下男に至るまで出す御祝儀。御大尽の粋な計らいか、金茶金十郎（86ページ）のパフォーマンス。

【身請け】みうけ

遊女の身の代金（前借り金）を代わりに払って、年季前に商売を辞めさせること。その後、妻もしくは愛人とする場合がほとんど。最上級の太夫クラスだと、現在のお金で1億を超える金額が必要だったというから、すごすぎる。

【手活けの花】ていけのはな

芸者や遊女を身請けして、妻や愛人にすること。「民さんは野菊のような人だ」とは対極。

【投げ込み寺】なげこみでら

遊女の悲しい末路。投げ込み寺として有名な、東京・荒川区の浄閑寺（じょうかんじ）は、安政の大地震（1855年）で多くの遊女が死亡したおり、この寺に投げ込んで葬ったことから、こう呼ばれるように。

さながら蜜に群がる蜂

郭通いの男達

【どら者】 どらもの

放蕩者。女遊びにうつつを抜かすロクデナシ。ほかに、「御方狂い（おかたぐるい）」「うてんつ」など。

【金茶金十郎】 きんちゃきんじゅうろう

江戸時代から明治初期にかけて、遊里などで用いられた語。遊里や芸者屋で大金を浪費する人、転じて、あほう、ばかもの、たわけものの意。「金茶」はお客の意味。

【廊下鳶】 ろうかとび

相手の妓に嫌われていて、なかなか部屋に来てもらえず廊下をうろうろする客を、空をあてどなく舞う鳶に例えた。

【其様】 そさま

遊女などがお客を呼ぶときなどに用いた。相手に対する敬称。この他、「主様（ぬしさま）」とも。

【七夕】 たなばた

たまにしか来ない客。織姫と彦星の住まいは天空に広がる天の川だが、塀で囲まれた郭の中での星合いは切ない。

【しぶり牛蒡】 しぶりごぼう

不能の客のことを指す隠語。なお、昔から性的不能には「牛蒡」が妙薬とか。

【不寝番】 ねずのばん

居続けている客を見回りにくる、郭の男性スタッフのこと。最中でもチェックは入ったという。心中防止の意味もあった。

嘘が女か女が嘘か？
指切拳万怨節

【鍵言葉】かぎことば

遊女が客から金をだましとるための、言葉の「させ上手（72ページ）」。男をリピーターにさせるための「キーワード」。

【指切】ゆびきり

指切拳万（ゆびきりげんまん）はここから。遊女が心中立て（しんじゅうだて＝人との約束を守ること）として、客に小指の第一関節から先を切って渡した。贋物が出回ったというが、気は心。

【入黒子】いれぼくろ

「起請彫り（きしょうぼり）」とも。「あなたのものよ、心変わりしないわ」と、相手の男の名を「○命」などと彫る。事情が変わったら、灸を据えて焼き消したとか。

【いよし御見】いよしごけん

「きっとお目にかかりたい。ぜひともぜひとも……」。遊女の手紙によく見られた言葉。ラブレターの決まり文句。

【仕落ち】しおち

本来なら客を天国に導くはずの遊女が自分が天国に行ってしまう失態。「プロとしてどうよ?」という状況で、恥とされた。

【間夫】まぶ

遊女が心底惚れた男のこと。このほか「色（いろ）」「情男（いろ）」「情人（いろ）」「色客（いろきゃく）」など。「間夫は勤めの憂さ晴らし」といった。

【転ぶ】ころぶ

本来、売春を禁じられている芸者が、身を売ること。遊女の職域を荒らさぬようにとの取り決めだったが、有名無実化していたよう。

迷い込んだか住み着いたか
郭の中の動物たち

【馬】うま

「付け馬」との表現も。遊興費を取りたてるため、客と一緒に客の家までつく遊郭の人間のこと。

【猿】えて

猿＝去る、となって縁起が悪いので、郭内では言い換えた。客が来れば辛い勤めがあり、来なければ勤めがいつまでも明けない……苦界。

【鳥屋】とや

梅毒に感染した遊女をこもらせた場所。梅毒にかかると、髪の毛が抜ける。その様が換羽（とや＝羽の抜け変わり）に似ていることから。「鳥屋につく」といった。

衆道を味わってこその男道
異端ではなかった時代の言葉たち

何を	こう言う	其の心は
美少年道	若衆道	わかしゅどう。男色のこと。元禄の御世では、「色道の極みは、男色と女色の二道を知ること」といわれていたとか。
美しき男娼	窄若衆	すばりわかしゅ。若い男娼。窄＝すぼまって狭いこと＝肛門。振袖をまとった、女に見紛う若衆が妍（けん）を競った時代もあった。
武士の男色精神道	葉隠	はがくれ。1716年ごろ、山本常朝（やまもとつねとも）が記した武士の指南書。武士道における男色として、「互いに想う相手は一生にただひとりだけ」などとある。

御小姓
武士の愛玩具（ペット）

おこしょう。武将に使える美少年のこと。戦場では女房がわりにもなったとか。もっとも有名なのは、織田信長に仕えた森蘭丸（もりらんまる）。

寺小姓
僧侶の愛玩具（ペット）

てらこしょう。女犯（にょぼん・女性との接触禁止）の僧侶のために、文字どおり心身ともに奉仕した少年のこと。

色子
役者を目指す男娼

いろご。男娼専門ではなく、元は歌舞伎役者だった。寛永6年（1629）、歌舞伎の舞台が女人禁制となり、女形（おやま）が活躍するようになったのがその発端。女形修行のひとつ。

兄分
この道で目上

あにぶん。若衆を可愛がる方のこと。攻め方。

男色を売る少年

陰間

かげま。もともとは、歌舞伎修行中の少年役者のことを「陰の間」と呼んだことから。

オノコと遊べる所

陰間茶屋

かげまちゃや。江戸時代中期、陰間が売春をしていた茶屋。関西では、「若衆茶屋」といった。平賀源内（ひらがげんない）は陰間茶屋の案内書『江戸男色細見―菊の園―』を記している。

江戸の「新宿二丁目」

芳町

よしちょう。陰間茶屋が多くあった、堀江六軒町の俗称。

旅する男娼

飛び子

とびこ。いろいろな地方を巡りながら、商売をする色子。

もう君に夢中

若衆狂い

わかしゅぐるい。男色に溺れている状態。江戸幕府は、何度も禁止令を出している。

男と男でまぐわう

念此

ねんごろ。男同士で契りを結ぶこと。このとき、二人の関係において目上のものを「念者（ねんじゃ・兄分）」、下のものを「若衆」とした。

男色行為の必需品

釜

かま。肛門のこと。これが変化して、男色や男色相手を指すようになったそう。このほか「菊座（きくざ）」とも。

男色行為の別表現

釜を抜く

かまをぬく。肛門性交のこと。直接的な関係はないが、「月夜に釜を抜かれる」は、明るい月夜に釜を盗まれてしまう＝すっかり油断してしまうことの例え。

第五章

武士の覚悟・公家の風雅

～かの時代の矜持

「武士」が歴史に登場しはじめたのは、平安時代。この時代の武士＝侍は、その語源のとおり「さぶろうもの」＝貴族のそばにひかえて仕える者、時代の脇役でした。

しかし、次の鎌倉時代は主役が交代。武士たちが歴史の表舞台に躍り出ました。その侍の頂点は、征夷大将軍。江戸時代は徳川家が独占し、将軍の妻妾と召使たちが暮らしたのが「大奥」なのはご存知のとおりです。そこは外界から遮断された、特別な世界。そして、ここでもさまざまの言葉が生まれたのです。

翻って公家たちは、主役の座は譲ったものの、雅なその文化を絶やすことはありませんでした。今は日常語となった「おでん」「おいしい」「おもちゃ」などは、公家社会で使われていた「女房詞《にょうぼうことば》」です。

世界のヒーロー SAMURAI 武士は桜木

【二本差し】にほんざし

大小2本の刀をさす＝武士。長い刀を「本差（ほんざし）」、短いほうを「脇差（わきざし）」と呼ぶ。江戸幕府2代将軍・徳川秀忠が発布した「武家諸法度」で、「二本差し」と定められたとか。

【武士】もののふ

武士のこと。もの（兵器・武）＋の＋ふ（夫）が語源といわれる。そのほか、軍事氏族の物部（もののべ）氏に由来するという説も。

【笹の雪】ささのゆき

刀のこと。笹に積もった雪がすぐに落ちるがごとく、切れ味の鋭い刀。「男の魂（おとこのたましい）」とも。ちなみに「女の魂」は鏡のこと。

【詰め腹】つめばら

身に覚えのない責任を負わされ、強制的に辞職させられること。または、それに伴い、やむを得ず切腹させられること。

【花は桜木、人は武士】はなはさくらぎ、ひとはぶし

花では桜、人は武士がもっとも優れているという、武家社会ならではの言葉。「木は檜（ひのき）、人は武士」との表現も。

【手討ち】てうち

「無礼討ち」ともいう。武士が、無礼を働いた目下のものを斬り捨てること。江戸時代の基本法典『公事方御定書（くじかたおさだめがき）』では、「斬り捨て御免も有り」とされている。

【侍盗人】さぶらいぬすびと

武士失格な奴。「いざとなったら命を惜しまない」はずの武士にあるまじき根性で、武士の本分を逸脱。こういう者こそ「無礼討ち」。

【公方様】くぼうさま

将軍様のこと。「おおやけかた」とも。もともとは天皇を指していたが、武家社会が進むにつれ、将軍を意味するように。

【伽】とぎ

女性が武士や公家など、身分の高い男の寝所にはべること。「御伽話」が童話を意味するようになったのは、明治時代からだとか。

【手がつく】てがつく

勤め先のご主人様と性的関係になる。(例)行儀見習いにと、武家屋敷に勤め始めた町娘が、お殿様の目に留まり……。この場合、町娘の感情は二の次の場合がほとんど。

【脇腹】わきばら

正妻ではなく側室から生まれた子。天下人の三人、織田信長、豊臣秀吉、徳川家康の跡継ぎは、すべて脇腹であった。

三千人で競う妍
大奥の奥の奥

【大奥】おおおく

江戸城内で、将軍家の妻子、奥女中たちのいるところ。そのほか、江戸時代の大名家の奥向を指す場合も。

【御目見え】おめみえ

大奥内の身分の一つ。御目見え以上は、将軍・御台所に謁見できる身分であり、御目見え以下は、謁見できない。ただし、御目見え以下であっても、お目見え以上に出世することが可能であることは、表役人と変わらない。

【御手付き】おてつき

将軍から寵を受けた女のこと。「御手付き中臈（おてつきちゅうろう）」など。そこから妊娠するか、男児を産むか、女児を産むかによって、また呼称が変わる。

【御腹様】おはらさま

御手付きから、見事懐妊、女子を産めば「御腹様」となる。男子ならば、「御部屋様（おへやさま）」に。

【玉の輿】たまのこし

語源といわれるのは、江戸時代、八百屋の娘だったお玉の方。3代将軍・徳川家光の側室になり、5代将軍となる綱吉を産む。綱吉が将軍となり、従一位となるまでに出世、春日局を超える官位を手にした。

【上様】うえさま

かつては天皇を指したが、江戸時代には将軍が対象になった。天皇は「御上（おかみ）」に。

【御台所】みだいどころ

将軍の正室。15将軍中、御台所が産んだ将軍は、3代将軍・家光のみ（2代将軍秀忠の正室・お江与の方の子）。

【御清】 おきよ

大奥で、将軍の御手付きは、蔑称的に「汚れた者」と呼ばれ、手のつかないものを「御清の者」といった。「御清の者」は、将軍が女と共寝する際には、次の間で寝ずの番をしなくてはならなかったという。

【御匙】 おさじ

将軍や大名の侍医。御殿医（ごてんい）のこと。医者が薬を扱う際にさじを使うことから、転じて医者を指す言葉に。

【御猫様】 おねこさま

大奥では淋しさをまぎらわすためか、ペットを飼うことが大流行。猫をはじめ、犬、鳥など、さまざまなペットが愛されていたという。

【宿下がり】 やどさがり

奉公人が実家に帰れる休暇のこと。大奥では、奉公勤続3年目以降から許された。このとき、外で羽目をはずす奥女中もいたとか、いないとか。

武士と対極・優美な公家世界

女房言葉の食材・食事編

何を	こう言う	其の心は
葱（ねぎ）	一文字	ひともじ。宮中では葱（ねぎ）を「き」と一文字で呼んでいたことから「一文字」となったとの説も。
韮（にら）	二文字	ふたもじ。「葱」が「き」と一文字で呼ばれていたことに比して、「韮（にら）」が二文字であることから。
大蒜（にんにく）	にもじ	「大蒜」の「に」＋文字、の表現。この「＋文字」は他にも多々。例）しゃもじ＝杓子（しゃくし）の「しゃ」＋文字、など。

田螺（たにし）

さいぎょう

放浪の僧侶・西行法師（さいぎょうほうし）からか？

茄子（なす）

もみじ

『女中詞』（1692年）に、「もみぢとは 茄子の事」とある。

スルメ

するする

室町時代から使われていたよう。このほか「すかすか」「よこがみ」など。

小糠

待ち兼ね

まちかね。「来ぬか、来ぬか」と待ち兼ねる＝小糠（こぬか）。遊び心に満ちた別称。

鮎（もしくは鱸《すずき》）

水の花

みずのはな。水に泳ぐ様子を模したのか？　優雅な表現。

塩

波の花

なみのはな。「しろもの」「おいたみ」とも。ちなみに砂糖は「さもじ」。

沢庵

御香香

おこうこう。「香香」の丁寧な表現。野菜の漬物全般を指す場合も。

冷水

おひや

おひや。今も変わらず愛されている物言い。「おつべた」の言い方も可愛らしい。

武士と対極・優美な公家世界

女房言葉の体と病・気持ち編

何を	こう言う	其の心は
髪	おぐし	古くは、貴人の髪。「髪文字（かもじ）」とも。
月経	手無し	てなし。月経のこと。その時期、供御（くご）・調度などに、手を触れられなかったところから。「御役（おやく）」「おまけ」とも。
屁	おなら	今も使われている女房言葉のひとつ。「お鳴らし」の略ではと考えられている。

日常語	言い換え	意味
発熱	おぬる	公家では、天皇の発熱のことをいう。（例）おぬるうすし（熱が下がる）。
大小便	おちょうず	トイレを指す場合も。このほか大便＝「おとう」、子供の小便＝「おしし」、などの言い方も。
寝る	お静まり	おしずまり。寝ることの敬語。そのほか、床につくこと＝「お床になる」など。
起きる	お昼なる	おひるなる。お昼＝起きるの尊敬語、起床。

軽症

おむさむさ

お上に対しては「おむさむさん」。「おむさむささま」では、なぜか野暮な表現なのだとか。

ご無事に

おするする

順調に、滞りなく。するっと。(例)おするすると、すみましゃりまして。

淋しい

おさびさび

とても淋しい様子。逆に賑やかなときには「おにぎにぎ」。盛大な様子は「おひしひし」。

きれいな

花文字な

きゃもじな。もととなるのが、花車(きゃしゃ)=上品で華やか。(例)花文字な御召。

第六章　何だかんだとやっぱり夫婦

～宿六と鬼嫁の二世の誓い

かつて結婚は、家と家との結びつき、という意味合いが強くありました。そこで欠かせなかったのが、「杯事（さかづきごと）」。杯事の意味するところは、絆です。杯を交わすことで関係性を強める、それを誓い合う、大変神聖な行為なのです。

さて、そうして生まれた一対の女雛と男雛。新婚時代は人形のごとくおとなしくしていても、日々、寝食を共にしていれば、綺麗事ばかりではいられません。大事な夫は「宿六」となり、三つ指ついてほほ染めた新妻は「嬶左衛門」とオジサン化……。しかし、それが不幸かといえば、それほど不幸ではない、どちらかといえば幸せであるという人生の不思議。添い遂げれば「諸白髪」となり、「三夫婦」という幸いを得ることもあるのです。

婚約から華燭まで 酒酌み交わす日ノ本の祝い

【決め酒】 きめざけ

めでたく、両家の婚約がととのったときの酒の贈答。酒だけでなく、酒宴を指す場合も。

【家内喜多留】 やなぎたる

結納のときの祝賀文字。多留＝樽。この文字を墨書して品々に添え、言祝（ことほ）ぐ。言霊が喜びそうな文字並び。

【釘酒】 くぎざけ

婚約が決まったとき、仲人が嫁方の親と酌み交わす酒。「両家の間に釘をさす」の意。「酒入れ」ともいう。

【契り酒】ちぎりざけ

嫁入りの当日、婿が嫁の実家を訪ね、義理の親と飲み交わす酒のこと。親子の契り酒。

【相杯】あいさかずき

夫婦の誓いの杯。「夫婦固めの杯」とも。三三九度の杯事は、「三度三献」ともいう。

【宴の追酒】うたげのおいざけ

結婚披露宴の後、さらに酒振る舞いをすること。「追ったけ酒」「門送り」「頭巾被り」など、さまざま言い方がある。

【色直しの杯】いろなおしのさかずき

初夜に、新夫婦が床に入る前、改めて杯を交わすこと。「床杯（とこさかずき）」とも。

親より長く添う相方
仕合わせな夫婦の幾星霜

【番】つがい

二つのものが組み合わさって、一組みになること。継ぎ＋合うで、「つがい」になったなどの語源がある。

【二世を契る】にせをちぎる

夫婦になること。「二世」＝現世＋来世。次の世でも夫婦になろうね、の誓約。ちなみに親子は一世、主従は三世だそう。

【相具す】あいぐす

具＝そろう。夫婦になり、連れ添って生きること。そして「相和（あいわ）し」＝親しみ慈しみあい、「相生（あいおい）」＝夫婦ともに長生き、できれば人生上等。

【妹背結び】いもせむすび

夫婦の誓いを立てること。妹（いも＝若い女）＋背（背の君＝夫）。

【羽を並ぶ】はねをならぶ

もともと中国発祥の話。比翼の鳥（雌雄が一体となり、目と翼は一つずつで、常に一体となって飛ぶ鳥）の伝説から。恋人同士や夫婦がしっかり愛情で結ばれている状態をいう。

【鬼夫婦】おにふうふ

性格が全く違う者どうしの夫婦。なんだかんだと仲がよいケースも多々。鬼のように残酷な夫婦を指す場合も。

【一枚かわ】いちまいかわ

かわ＝姉女房。夫より1歳年上の女房。夫婦仲がよい……とされるがいかが？

【四目十目】よめとおめ

夫婦の年齢を、片方から数えて4年もしくは10年目にあたる＝三つ違いと九つ違いはよくないとする迷信。真偽のほどは、いかが?

【子仲】こなか

子供ができた夫婦もしくは、男女の間柄。共有の「子」という存在は「かすがい」になることもあり、それだけ縁が深いということ。

【子福者】こぶくしゃ

たくさんの子宝に恵まれて、幸せな夫婦。「子に勝る宝なし」ともいい、幸せな家族の顔が浮かぶ言葉。

【御上】おうえ

勤め先の主人の妻、目上の人の妻を敬っていう言葉。「おかみ」は天皇を示す言葉となるので、発音に注意。

【一期の男】いちごのおとこ

生涯連れ添う男＝夫のこと。３組に１組の夫婦が「一期」とならない、平成のご時世では使いにくい。

【床旧る】とこふる

夫婦が長い間連れ添っていること。「新枕」（65ページ参照）が、二人の初めての夜をいうので、新しいが旧くなるは世の習いではある。

【諸白髪】もろしらが

夫婦そろって白髪になるまで長生きすること。「お前百まで、わしゃ九十九まで」のリアル版。「共白髪（ともしらが）」とも。

【三夫婦】みみょうと

親・子・孫の3代の夫婦がそろって、一族繁栄、めでたい情景。橋の渡り初めに招かれることもあるそう。

月並みながら喧嘩するほど…馴染んだ番《つがい》の言いたい放題

【宿六】やどろく

夫を卑しめる、または愛を持って言う表現。「宿のろくでなし」の略と言われる。しかし、本家本元の「ろくでなし」の「ろく」は、「陸」なので要注意。

【嬶左衛門】かかあざえもん

嬶＝妻。鼻息の意味もある。息荒く、亭主をしかりつける妻の姿が、すなわちこの語の表現するところ。同義語に「嬶大明神（かかあだいみょうじん）」「嬶右衛門（かかあうえもん）」など。

【どれ合い夫婦】どれあいめおと

正式な結婚をしていない夫婦。どれ合い＝どれ合う＝親の許しなし、仲人なしの無法状態で、男女が勝手に結婚すること。

【蚤の夫婦】のみのふうふ

蚤は、雌が雄より大きいところから。夫より、妻のほうが体格のよい夫婦をいう。

【飯匙増】いいがまし

年上女房のこと。飯匙＝しゃもじ＝主婦の象徴。ちなみに「しゃもじ」は宮中で使われていた女房詞。

【左歪み】ひだりゆがみ

夫婦の身分や・家庭環境・貧富のレベルがそろっていないこと。「何か問題が?」と反論しても意味がなく、「諸白髪（116ページ）」こそが愛の証明。

【後妻打ち】うわなりうち

日本の中世から江戸時代にかけて行われた風習のこと。夫が後妻と結婚するとき、先妻が予告したうえで後妻の家を襲うというものである。

第七章

不倫で浮気な常世の倣《なら》い

～泥沼・昼顔・秘事・迷路

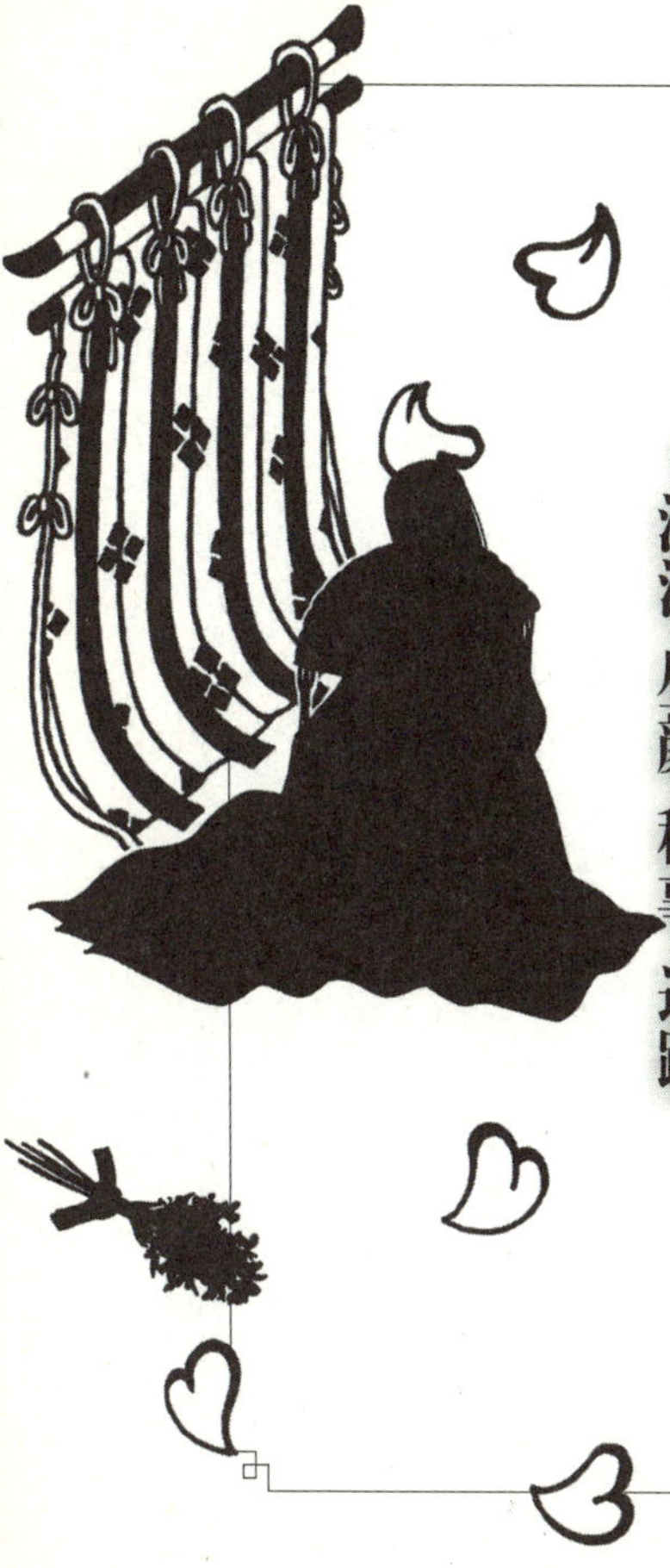

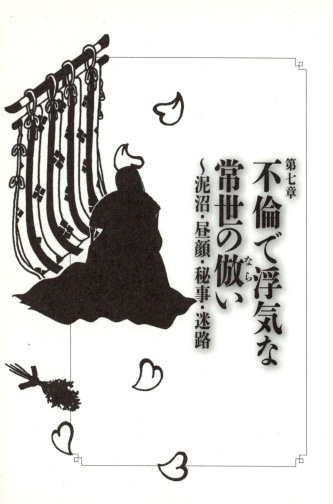

不倫・浮気といえば、その連想の果てにあるのが「泥沼」。割り切って始めたつもりが、なにせもとより「理《わり》無《な》い」関係ですから、それは無理というものですね。では覚悟を決めて、沼底に沈むか？　分別盛りに無分別を行った大人としては、悩むところです。

ましてや、情事が発覚したときのことを思うと……。江戸時代は、多くの浮気・不倫が横行し、そのため代償が定められていたそうです。さらに、そのことから「堪忍五両思案十両」という、今も生きる言葉が誕生しています。これは、「腹が立っても我慢が肝心！　心を静め、熟考の後に行動すれば、そのうち幸せが見えてくる」の意。まずは行動を起こす前に、ぐっとその欲望に耐えて、これらの言葉たちを味わうことをお勧めします。

罪悪感の甘い香りに誘われて 理なき扉が音なく開く

【数寄者】すきもの

色好みの人。これを「すきしゃ」と読むと、「茶の湯をたしなむ風雅な人」となり、冤罪レベルの勘違いとなるので要注意。

【羽目を外す】はめをはずす

「羽目（はめ）」＝「はみ」＝馬を制御するためにはめた金具が外れるほど、限度を超えた状態。

【摘み食い】つまみぐい

夫婦や恋人同士でない相手と、一時のなぐさみに情を交わすこと。ちゃんとした晩餐は、別の家にある。

【ちょっかいを出す】《ちょっかいをだす》

ちょっかい＝手掻き＝猫が一方の前足を出して、物をかき寄せるような動きをすること。そこから、要らぬ手出し、過干渉を意味するようになった。江戸時代からある言葉。

【蹌踉めく】《よろめく》

よろよろ（動揺する）＋めく。そこから、妻が夫以外の男性に惹かれ、不倫することを「よろめき」というように。三島由紀夫の小説『美徳のよろめき』（1957年刊）から流行した。

【好き業】《すきわざ》

浮気行為。好き＝好色。「あんたも、好きね～」なんてギャグは古くからあったのかも。

【花心】《はなごころ》

浮気心のこと。すぐに散ってしまう花になぞらえて。「花の命は～」の歌もあり、花は儚いものの象徴でもある。

【浮かれ烏】 うかれがらす

夜になっても巣（家）に戻らず、浮かれ調子で遊びまわることの比喩。いざ戻ろうとしたときに、「空巣（からす）」になっていないことを祈る。

【水性】 みずしょう

浮気な性質のこと。ただし女性限定。「水も滴る〜」の表現もあり、色の道と水気は切っても切れない関係。

【おいそれ乙女】 おいそれおとめ

「おいそれ」＝後先考えず、浅はかに男の欲求に応じる＝軽率な若い女の意。

【地色】 じいろ

地者（じもの＝素人）の女性との色事。玄人筋より素人との浮気のほうが、罪が重いと考える向きもあれば、「浮気は浮気」と断じるケースも。

気がつけば沼底の竜宮城
現《うつつ》の法は藻屑《もくず》

【絆される】ほだされる

情にがんじがらめにされて、心も体も不自由になった状態。たった1字違いの「解される（ほぐされる）」は、もつれたものがほどける、コリがやわらかくなると、まったく異なる意味合いに。

【火嬲り】ひなぶり

無分別な、その場限りの情事。アバンチュール。炎上する前に消火が肝心だが、それをできる人はほとんどいない。

【異心】ことごころ

他の人を思っている心。浮気心を指す。体はここにあっても、心は千里を駆けていくという、たちの悪さ。

【理無い】わりない

わりない＝道理がない。わきまえがない、人の道に反する。わきまえがあるから大人、というわけではない。

【腐れ合い】くされあい

不倫関係を結ぶこと。腐れ＝あざけりののしるときの表現。「腐れ合う」とも。「腐れ縁」＝好ましくない不適切な関係。

【浮き寝】うきね

夫婦でない男女の、将来のなさそうな添い寝。「浮き寝の鳥」＝和歌では、思う人に会えない嘆きのたとえ。

【物の紛れ】もののまぎれ

人目をはばかって行うこと。そこから、公にできない不倫の逢瀬を指すように。

【手掛】てかけ

「手をかけて可愛がる」の意。「手塩にかける」ではない。「愛人」「側室」と同義。

【間男】まおとこ

有夫の女性が、夫以外に情を交わした男のこと。「密夫」と書く場合も。自宅において、間男中に亭主が帰宅した場合、かつては押入れ、今はクローゼットに隠すのがセオリー。

【男妾】おとこめかけ

女性に奉仕するプロの愛人男性。かならず金銭の授受が介在する。20歳を過ぎた陰間（男娼）や、江戸時代は、若手の歌舞伎役者、相撲取りなどが務めたそう。

【七両二分】しちりょうにぶ

これが間男の代金といわれた。江戸時代、間男があまりに多く、いちいち審議していたら奉行所がパンクする状況に。よって間男は七両二分払えば示談となるという風習が生まれた。後に五両に定着、「堪忍五両（かんにんごりょう）」となった。

【火照る】ほてる

体の中にある火が燃える。燃えて、燃えて、大炎上しても、自ら消せないのが始末に負えない。

【芋田楽】いもでんがく

男性が、女性とその母親の両方と情を通じること。現代では「親子丼」などという場合が多い。

【人目包み】ひとめづつみ

人の見る目をはばかって隠れること。和歌では、「包み」を「堤（つつみ）」に掛けて用いることが多い。

【蟻地獄】ありじごく

ウスバカゲロウの幼虫が、乾いた地面をすり鉢状に掘り、落ちてくる蟻を捕食する。抜け出せない地獄のたとえ。

【虎の尾を踏む】

とらのおをふむ

今にも噛み付きそうな虎の尾をあえて踏む＝大変に危険なことをする。虎＝恐妻ではなく、実は結婚目的の不倫相手、なのかも。

【転び合い】

ころびあい

式の手続きなしに夫婦となること。また、その夫婦。くっつきあい。

【余熱】

ほとぼり

文字どおり余熱（よねつ）。不倫の悪評判が燃えるだけ燃えて、燃えつきた。「余熱がさめる」のを見計らって、また……。

【火傷火に懲りず】

やけどひにこりず

火遊びの果てに大火傷。だけど、また火遊び。過去の失敗に学ぶことなく、何度でも繰り返す。誰も頼んでいないのに。

第八章

嫉妬の業火《ごうか》を見よ

~火と燃え般若と化す哀しみ

嫉妬。このやっかいな心持は、生後5ヶ月の赤ん坊にでも観察されていると、偉い学者さんがおっしゃっているそうです。無垢な赤子ですら、なのですから、「いわんや大人をや」。ましてや、惚れた腫れたと熱を帯びた状況では、いつでもどこでも火がつくことでしょう。

まさしく「火」。嫉妬にまつわる言葉は、「火」が欠かせません。「燻べる（くすべる）」——字面どおり、燻製《くんせい》をつくるときのように火を焚き、煙を出して燻《いぶ》すことですが、嫉妬も意味しています。

炎に燃やされるか、熱い煙に燻されるか。どちらにしても、非常に体に悪そうなので、早くそこから脱出できることを祈るばかりです。しかし、嫉妬する女神の話も今に伝わるくらいですから……無理は申しますまい。

「可愛いな〜♡」と思われるレベル○○が、あらばこそ

【焼餅】やきもち

食べたあと、胸焼けする感じを、女性の嫉妬になぞらえたのが由来とか。「焼餅を焼く」は、あっちこっちに嫉妬する、の意。

【厄】くや

嫉妬を意味する隠語。発音してみると、なんとも可愛らしいが、実態は……。

【ちんちん】

焼餅のこと。また、「ちんちんかもかも」（68ページ参照）と同義で、男女が仲良しこよしな意味も。

【角】つの

なぜか女性限定。嫉妬して形相が変わるのを「角が出る」と表現。男性の場合、何が出るのかは現在調査中。

【へんねし】

へん(偏執)+ねし(執拗)。嫉妬のこと。偏って、ねじけてしまった心。「へんねじ」ともいう。

【薄妬】こんがりやく

嫉妬心のこと。「程よく焼く」という意味だそうだが、「程よく」とは? きっと「角」は出ていないものと思われる。

【少嫉】すこやけ

少しだけ嫉妬すること。「少しだけ」の分量は不明。ちなみに、「黒焼(くろやき)」となると、黒焦げになるほど、深く強く嫉妬することを指す。

焔焔《えんえん》に滅せずんば炎炎《えんえん》を如何せん 修羅道を往け

【胸の火】むねのひ

胸に燃える、熱い思い。それが恋慕の情ならばよかったものの、嫉妬では……。熱ければ熱いほど苦しみも増す。

【炎】ひ

嫉妬、恋情など、胸の中に起こる激しい炎のような感情。自ら鎮火することは難しく、火消し役は愛する人だけという消火に手こずる火事。

【身を焼く】みをやく

胸の中に、火やら炎やらを抱えているのだから、燃えるのは自明の理。生をまっとうし、外から焼かれれば昇天できるが、身の内からでは成仏できない。「身を焦がす」とも。

【くらくら】

嫉妬の擬態語1。今にも眩暈（めまい）がして倒れそうになるほど。（例）偶然、街で見かけた夫……手をつないでいるのは、まさか私の親友?!

【むやむや】

嫉妬の擬態語2。悩み、身悶えする様子。（例）あの女と今頃、いちゃいちゃしているんじゃないかと思うと～。

【めらめら】

嫉妬の擬態語3。炎が勢いよく燃え上がるがごとく、闘争心を秘めながら。（例）あんな女より、私のほうが美人で料理も上手いのに～！

【むらむら】

嫉妬の擬態語4。抑えがたい感情がわき上がってくる。（例）失業中のくせに、一人前に浮気するなんて～。

【修羅を燃やす】しゅらをもやす

修羅＝阿修羅＝嫉妬や執着が強い→激しく嫉妬する。

【後妻嫉妬】うわなりねたみ

もともとは、前妻（こなみ）が後妻（うわなり）を妬ましく思うこと。そこから、女性全般の嫉妬を指すようになった。

【甚助を起こす】じんすけをおこす

嫉妬すること。嫉妬は女性の専売特許ではない。甚助＝嫉妬深い男。「腎助」とも書く。

【燻べ顔】くすべがお

嫉妬心をあらわにした表情。また、そうした行動。燻べ→燻ぶる＝問題などが表面化せず、解決しないままでいる。

【般若面】はんにゃづら

まるで般若のような、大変恐ろしい顔つき。般若＝大きく裂けた口をもつ鬼女。女性の強く根深い嫉妬を表わしている。

【徒比べ】あだくらべ

男女が互いに、「そっちのほうが浮気者！」と言い合うこと。『伊勢物語（いせものがたり・平安時代初期の歌物語）』にも登場する言葉。

【乱痴気騒ぎ《らんちきさわぎ》】

「どんちゃん騒ぎ」の意味の他、男女の付き合いに関する揉め事のこともいう。痴話げんか。たいていの原因は嫉妬。

【牛の刻参り】うしのときまいり

午前1時〜3時ごろ。嫉妬に狂った女は白衣をまとい、頭には金輪を被り、灯したろうそくをそこに立て、人知れず神社へ。御神木に藁人形を釘で打ち込む。すると相手は、釘を打ち付けた部分から病む……。能「鉄輪」（138ページ）参照。

物語の中で身悶えする悋気《りんき》の女君・男君

【須勢理毘売】すせりびめ

日本の神話に登場する女神、須佐之男命（すさのおのみこと）の娘で、大国主命（おおくにぬしのみこと）の正妻。結婚後、大国主命が八上比売（やかみひめ）を娶り、子供を作ったことに激怒。「後妻嫉妬」（135ページ）を実践した。

【宇治の橋姫】うじのはしひめ

平安時代の嵯峨天皇のころ、強い嫉妬心から宇治川に身を投じた姫は、鬼に変化。京中の男女を食い殺したという……。

【蜻蛉日記】かげろうにっき

平安中期を生きた、藤原道綱母（ふじわらのみちつなのはは）が記した日記。時の人・藤原兼家（ふじわらのかねいえ）の妻の一人であった著者は、正妻をはじめ、あまたの妻妾たちへの嫉妬の念に囚われ、「ひとりぬる夜」に枕を濡らした。

【葵上】あおいのうえ

能の曲目で、原案は『源氏物語』。光源氏の情人・六条御息所（ろくじょうのみやすどころ）が、その正妻で子を身ごもった葵上を嫉妬。生霊となって苦しめる。

【鉄輪】かなわ

夫に捨てられた都の女。夫はすでに次の妻を娶っている。そこで女は恨みを晴らさんと、貴船神社へ丑の刻参りを……。しかし、陰陽師の安倍晴明（あべのせいめい）の祈りによって退けられる。女には名もついていない。

【お妻八郎兵衛】おつまはちろべえ

古着屋八郎兵衛は女房お妻にいつわりの愛想づかしをされ殺してしまうが、その後、お妻の本心を知って自害。１７０２年、大坂の古手屋八郎兵衛が、誤解であったのに遊女のお妻を殺したという事件を脚色したといわれる。

【吉備津の釜】きびつのかま

『雨月物語（うげつものがたり）』（江戸中期〜後期・上田秋成著）より。浮気性の男・正太郎は、妻の磯良（いそら）を嫌い、遊女と駆け落ち。うらみ死んだ磯良は怨霊となって遊女を呪い殺し、後には正太郎にも……。

罪の形は世に連れない 男と女の犯罪遍歴

何を	こう言う	其の心は
英語で言えばハニートラップ？	美人局	つつもたせ。夫婦や愛人同士などが、その女と別の男性を性的関係を持たせ、脅す犯罪行為。「美人局」の字は、中国由来。元の時代、女性を使った色仕掛の犯罪を「美人局」と表記したことから、江戸後期よりこの字になった。
売春防止法違反	地獄	じごく。売春などの裏稼業のこと。素人（＝普通の娘、人妻など）が売春婦となること。「地獄をする」といった。また、ここから「地獄の沙汰も金次第」の言葉が生まれたそう。
	忍び女	しのびおんな。こっそりと売春する女のこと。私娼を指す。

強制猥褻罪の疑い有り

悪戯

いたずら。みだらな行為。特に、強制猥褻を婉曲にいう言葉。行った側は「悪さ」程度の気持ちでも、被害者側の傷の深さは……。「売春」を「援助交際」と誤魔化すのに似る。

許すまじ！強姦罪 壱

手込め

てごめ。暴力で女性の自由を奪い、無理やり性交することを指す。人としてあるまじき所業。

許すまじ！強姦罪 弐

辱める

はずかしめる。女性を犯すこと。凌辱すること。女性にとって最悪の恥辱を与えられること。

鬼畜の所業 集団強姦罪

廻りを取る

まわりをとる。輪姦のこと。関西では「念仏講(ねんぶつこう)」ともいったとか。卑怯者たちの獣の行い。

畜生道の別名あり

親子田分

おやこたわけ。親子婚（近親相姦）のこと。実の親子が夫婦となることは、古くから禁忌とされた。

結婚詐欺は鳥類

赤さぎ

あかさぎ。詐欺は、相手によって別称が異なる。「白さぎ」＝素人相手。「青さぎ」＝企業相手。「黒さぎ」＝詐欺師相手。

スリは窃盗罪

巾着切り

きんちゃくきり。巾着＝江戸時代の財布。懐から巾着や金品を、気づかれないように盗み取る。

強盗殺人罪の別表現

荒仕事

あらしごと。強盗や殺人などの、荒っぽい犯罪。ということは、軽犯罪がその逆？

誘拐はいつの世も重罪

拐かし

かどわかし。かどわかすこと。誘拐。また、その犯人。かどう＝欺き誘う。

恐喝罪

集り

たかり。たかる＝人や動物が集まる。それが転じて「金を脅して提供させる」となった。

犯人検挙

泥を吐く

どろをはく。泥＝罪の象徴。人は泥など食べられないのに、泥を食っているので、吐くことで気持ちが軽くなるのだそう。

罪を陳謝いたします

荊を負う

いばらをおう。荊＝荊の杖＝鞭打ちに使用。それを「これで自分を鞭打ってくれ」と背負う＝深く謝罪することの例え。

第九章

時は秋、空は雨、夜は離れ

幕切れの情景に佇んで

恋に必要な人物は、二人です。自分と相手。恋が実ったときには、その二人がともに幸せになります。しかし、その恋がなくなるとき、二人ともに不幸せになるとは限りません。一人は、後ろを振り返らず毅然と歩み出しているのに、残されたほうは泣きながら立ちすくむ。こんな別れを体験された方も少なくないでしょう。

どちらの立場になるかによって、心の中の景色はまったく異なります。言葉の面から見れば、当然のことながら、たくさんの思いを胸に抱え込んでいるほう――残されたたずむほうに、味わい深い言い回しが残されています。雨・風・旱《ひでり》……まさに天災・天変地異です。

しかし人生、先のことはわかりません。谷底に落ちた後、「まさか」という坂を上ったときに見える風景は？

肌寒さが身に染みるようになり……
終わりの予感

【隙間風《すきまかぜ》】

閉まった扉から、なぜか風が……。どこかに隙間ができている証拠。男女もべったりと引っ付いていた二人の間が、少しずつあき、同時に心の距離も開いてゆく。隙間風が吹けば、お互いの体温を感じられない分、関係も冷えるという自明の理。

【離れ方《かれがた》】

親しかった者、特に男女の気持ちが、疎遠になっていくこと。

【息衝かし《いきづかし》】

ため息が出そう。どうしたもんか……。終わりの予感がにじむ。あのころは、甘い吐息を止められなかったのに。

【憂い】うい

思うようにならない。つれない、冷たい、辛い、苦しい、悩ましい、せつない。なんで？　どうして？　ああ辛い。

【縁は汚いもの】

えんはきたないもの

「縁は異なもの味なもの」男女の縁は計算できずに、不思議で趣深いもの、という言葉があるが、これは逆。男女や夫婦の縁（えにし）は、利害関係、肉欲がからむことから。

【夜離】よがれ

だんだんと、男が女のもとに通ってこなくなること。男女の仲が終わること。

【なしのつぶて】

かつて、恋人に対してつぶて（小石）を投げてアピールすることがあったという。その石が飛んで来ないときには、脈なし。音沙汰なしとなる。

やがて秋風が涙をのせて…
終わりの季節

【秋風が吹く】あきかぜがふく

「秋風が立つ」とも。「秋」と「飽き」を掛けた表現で、古くは平安時代の『古今和歌集』にも見られる表現。

【秋の扇】あきのおうぎ

愛されなくなり、捨てられる女のたとえ。夏は愛用された扇も、秋になれば用なしに。前漢の成帝の妃・班婕妤（はんしょうよ）が寵を失ったとき、自らを秋の扇にたとえて『怨歌行（えんかこう）』を詠んだという故事から。

【秋の契】あきのちぎり

もう飽きてきた男女の間柄。次に待つのは、独り身の侘しさが身に染みる冬。

【秋の袖】あきのそで

涙で濡れがちな様子。「秋の袂（あきのたもと）」とも。

【秋の鹿は笛に寄る】あきのしかはふえによる

恋に溺れ、理性を失うことのたとえ。そのほか、弱点をつかれて、利用されてしまうこと。

【涙川】なみだがわ

涙がとめどなく流れる様子。涙が川になるがごとく。「涙雨」も同義。

【時雨】しぐれ

秋から冬にかけ、降ったり止んだりする一時的な雨や雪のこと。涙を流して哀しむことの比喩。

「もう駄目ね、私達」
夫婦別れの抄

【床離る】とこはなる

夫婦関係がなくなる。離婚する。縁が切れる。一つの床を共有することは、夫婦の証。

【御釜が割れる】おかまがわれる

夫婦別れする。もしくは、一家が離散すること。お釜＝家庭の象徴。

【暇乞い】いとまごい

別れを告げること。辞めたいと申し出ること。奥様からの離婚の申し出のときにも。(例)「わたくし、お暇いただきます。つきましては離婚届にサインを」。

【三行半】みくだりはん

江戸時代の離縁状。字を書けない人は、3本の線に加え、その半分の長さの線を1本書くことで、離縁状として機能したとか。

【去】さられ

離縁または、離縁させられた女。離縁状の意味もあったとか。「去荷（さられに）」＝女性が実家に持ち帰る荷物。

【退き去り】のきさり

人をその場に残して去ること。特に、夫婦の一方が相手を残して家を出ること。

【己が世世】おのがよよ

夫婦または恋人が別れ、それぞれが別の生活を営むこと。

「もう駄目だよ、俺達」恋の終焉の抄

【愛想も小想も尽き果てる】あいそもこそもつきはてる

もう愛情のかけらもなし。言うこと為すこと呆れるばかり。ちなみに「愛想も糞も〜」は誤用。

【けり】

決着。けりがつく＝決着がつく、終わる。締めくくり。和歌や俳句などは、最後に「〜けり」で終わることが多い。このことから、最後を示す言葉として、「けりがつく」＝決着、となった。

【投げ櫛】なげくし

櫛を投げること。もしくは、その櫛。絶縁を意味する。「別れの櫛」は、嫁ぐ娘に渡される「二度と戻ってこないように」という願いをこめた櫛。

【幕切れ】まくぎれ

終わりのこと。もとは芝居で、一幕が終わったとき幕が閉まることをいう。

【徒枕】あだまくら

愛人と別れを決めて、独り寝することをいう。徒＝甲斐のない、はかないの意。

【生木を裂く】なまきをさく

相愛の夫婦・恋人などをむりやり別れさせる。生木＝地に根を張って生きている木、もしくは切ったばかりで乾燥していない木。

【蛻の殻】もぬけのから

究極の、かつ物理的な別れ。「蛻」＝「裳抜け」＝脱皮。「蛻の殼」＝抜け殼。人が抜け出たあとの寝床や、魂が抜け出てしまった亡骸の意味もある。

そして季節は変わる その涙が乾くまで

【涙の底】なみだのそこ

流した涙がたまってできた恋の淵。その底に見えるものは？　泣きはらし、恋に病んだ己の姿。

【託ち泣き】かこちなき

恨み嘆いて、泣きに泣くこと。託つ＝心が満たされない、不満でいっぱい。文句たらたら。

【滝枕】たきまくら

涙が枕にそそぐこと、滝の如し。「枕浮く（まくらうく）」＝涙で枕が浮くほど、という言い回しも。

【空知らぬ雨】

そらしらぬあめ

空から雨が降ったわけじゃない。じゃあ、この頬を濡らすものは?……涙。広い広い空は、あなたの小さな恋の終わりなんて知らない。

【潮解く】

しおどく

涙に濡れること。また、びっしょりと濡れること。砂浜を濡らす潮のごとく。

【音に泣く】

ねになく

声を出して泣く。声を立てて泣く。忍び泣きできるほど、大人じゃない。

【袖に時雨る】

そでにしぐる

袖に時雨が降りかかる。袖に涙が落ちるたとえ。「袖時雨(そでしぐれ)」とも。

【燃え渡る】もえわたる

苦しい思いが、絶えることなく続く。目には水（涙）、胸には火が絶えぬ。こんな思いを「水火の苦しみ」という。

【古人】いにしえびと

昔の夫のこと。もう「古い人」、「新しい人」がいるからこその言葉。少々、むごい。

【忘れ種】わすれぐさ

胸のつかえや憂さを忘れさせてくれるもの。それが時間であるならば、「日日薬（ひにちぐすり）」。

【男早り】おとこひでり

男が少なく、女が結婚や恋愛などの相手がいない。男性との付き合いが、すっかりご無沙汰なときにも。男性側からすると、「女早り」。

人生は下れば上るの繰り返し「まさか」という坂

【井手の下帯】

いでのしたおび

別れていた男女が、のちに再びめぐり会い、縁を結ぶこと。『大和物語』（平安時代中期の歌物語）の逸話。山城国の井手への使者となった男は、少女に帯を渡して旅立った。8年後、その帯を目印に再会、契りを結んだのだという。

【焼け木杭に火がつく】

やけぼっくいにひがつく

一度焼けた杭は、また火をつけるのが容易なことから。過去に関係していた男女が、また恋の炎を燃やすこと。

【宿世】

すくせ

前世からの因縁のこと。「宿縁」「宿命」とも。宿＝前々からの、古くからの。

第十章
正々堂々戦おう慄《おのの》こう
ロクデナシの罵詈雑言

この章は「悪口」を集めました。面白いのは、その発想の源です。実在の人物の短所から連想する、仕事の役割を拡大解釈、不快な性質を物に例えたもの、食べ物や行事、植物に至るまで。つまり、この世の事象のすべては、悪口に変換できる可能性を持っているのです。もったいなくも、プレイボーイで鳴らした親王にも、雅な表現ではありますが悪口が。

もしかすると私たち日本人は、悪口が好きなのでしょうか？　日本三大奇祭のひとつ「悪態祭り」では、参詣人が悪口を言い合い、言い勝った者には幸せが訪れるのだとか。ただし、祭りではよいとして、悪口は言う相手と心証をしっかり考えてから。言葉は武器です。下手な刀を振り回すと、傷害罪に問われることもありますよ。

あーもう、一昨日おいで！ その性格無理！

【石部金吉】いしべきんきち

石と金という、固いものを人物化＝「いくらなんでも固い!!　真面目すぎるでしょ？」という人。特に、女性に惑わされない堅物、融通の利かない頑固者を指す。

【伊勢屋与惣治】いせやよそじ

伊勢屋＝ケチで有名な伊勢商人。与惣治＝遊びに誘っても、金を惜しんで「よそう」といって帰ることのたとえ。要するに「どケチ」。

【飯田左内】いいださない

「なんで言わないの？」と、イライラさせられる人のこと。何が楽しくて、ここにいる？　少しは自分からしゃべって！

【小言幸兵衛】こごとこうべえ

落語の演題から。世話好きで口うるさい奴。「もう放っておいて！　少しは飯田左内を見習って」。

【地謡男】じうたいおとこ

地謡＝能楽で、謡曲の地の文を大勢で謡うこと＝直接、参加しないのにいろいろ言う、の意。そこから、さほどの働きもないくせに、他人の仕事ぶりを批難する男のこと。「地謡武士」とも。

【生男】きおとこ

「木男」とも。礼儀知らず、粗野で無粋。生まれたまんま、生のまんま。やはり大人は、少し「色」がついたほうがよい。

【胡乱者】うろんもの

不確実、不誠実、疑惑がぬぐいきれない、まったく納得いかない状態＝胡乱。胡乱な人＝胡乱者。

【石地蔵】いしじぞう

無口な人、色恋に興味・反応を示さない人の比喩。確かにお地蔵様はしゃべらないし、泰然自若。

【張子の虎】はりこのとら

虎の形をしていても、張子＝中は空洞の紙の玩具である。見かけはご立派だが、本当は弱い、実力がない。

【内股膏薬】うちまたごうやく

内股に貼った膏薬が、歩くたびに、右にくっつき、左にくっつき……。節操なしで、日和見主義。「股座膏薬（またぐらごうやく）」とも。

【梅根性】うめこんじょう

しつこくて、ぜんぜん変わろうとしない性格のこと。いつまでも酸っぱい梅の味わいに由来。逆に簡単に変わる場合は「柿根性」渋柿も干せば、甘くなることから。未練がましいケースは「菊根性」という。一度に散らない様子から連想。

あんたね…その言い方！
口、悪すぎ うるさすぎ

【貶め言】おとしめごと

さげすんでいう言葉。悪口。「さがな口」「後言（うしろごと）」「そしりはしり」など。

【駄味噌】だみそ

つまらない自慢話のこと。味噌＝趣向を凝らしたもの。よって、話の内容によって、その人の真贋が問われる。「手前味噌（てまえみそ）」とも。

【縦横沙汰】たてよこざた

縦横＝四方八方。全方位。そこから、いろいろな噂のこと。

【間合言葉】まにあいことば

間合＝でまかせ、ごまかし、言い逃れ。たいていの場合、逃れた先でも「間合」が必要になりエンドレス。

【油紙へ火がついたよう】あぶらがみへひがついたよう

油紙に火をつけると、「ペラペラ」と音を立てて燃え踊る。そこから、喋りが止まらない状態を指すように。

【唇を反す】くちびるをかえす

憎しみから、悪口を言う。「唇を翻す（ひるがえす）」とも。『史記（中国の歴史書）』から発した語。

【竹屋の火事】たけやのかじ

怒りに任せて、言いたい放題言うこと。竹が燃えるときの「ぽん！」という音から、ぽんぽん、ずけずけ声を荒らげる様子をたとえた。

全くもって気に入らぬ大馬鹿者め！

【全人】まとうど

お馬鹿さん、とんま、間抜け。しかし一方では、欠点なしの完全人間＝正直で律儀な者を意味する。

【ちんけ】

さまざまな最低ランクを表現。サイコロ賭博で、一の目を「ちん」と言い、最低の目。そこから最低ランクとなった。

【すぼけ息子】すぼけむすこ

すぼけ＝縮む、狭くなる、間が抜けている。また、包茎のことも。しかし「すぼけ息子」は、男性性器の状態は不問に付し、間抜けな息子、馬鹿息子を意味する。

【すっとこどっこい】

馬鹿全般に使える罵倒語。「この馬鹿者！」の意。江戸っ子風に、腕まくりしながら言い放ちたい。

【瓢箪鯰】ひょうたんなまず

聞いているんだかいないんだか、のらりくらりとして要領を得ない様子。

【べらぼうめ】

江戸っ子の啖呵（たんか）で有名なこの表現。もとは江戸時代、見世物で大評判だった奇人の名。醜く、全身真っ黒、頭はとがり……と奇異な容貌に、のろまな仕草で笑いをとったとか。

【ままごと】

漢字で書くと「飯事」。子供が大人の真似をして遊ぶ、夫婦ごっこ、家族ごっこ。そこから、暇つぶし程度の遊びをさすようになったが、男女間の悪口となれば「おままごとしてんじゃねえ！」となる。

どうしても受け付けられません
お門違い！

【虫唾が走る】むしずがはしる

「虫唾」＝「虫酢」。胃から逆流してくる酸性の胃液のこと。そこから「ムカムカして、非常に不快！」に。逆に胃の調子がよくなって、口に出てくる酸っぱい液が下がって快調となることは、「溜飲が下がる（りゅういんがさがる）」。

【鳥肌が立つ】とりはだがたつ

寒さが恐怖などの刺激でもって、皮膚の毛穴が縮こまった状態。生理的にムリ。昨今、とても感動した際に「鳥肌がたった」と言うが、厳密に言うと誤用。

【御門違い】おかどちがい

訪ねるべき門＝家をお間違えのようで。だから、もう来ないで絶対に。ええ、決して。

【虫が好かない】

むしがすかない

理由は明言できないが、なんとなく好感がもてない。この「虫」とは、日本人が自らの体の中に住むとしているもの。寄生虫ではなく、気持ちや性情をつかさどる「何か」。

【ぞぞ髪】

ぞぞがみ

ぞっとして髪が総毛立つ。身の毛がよだつ……音感だけで、オカルト度無限大。

【怖気を震う】

おぞけをふるう

恐ろしさのあまり、体が震える。怖気＝怖いと思う心。人の世は、煩悩と苦しみが充ち満ちた「火の家」。油断すれば、あっという間に「黒い家」になる。

【不気味の谷】

ぶきみのたに

21世紀的恐怖感。人型ロボットを人間が見たとき、あまり人に似ないときには不快感を覚えず、しかし、人間に似ると嫌悪感を抱くようになる。しかし、さらに人と見紛うばかりのロボットになれば、嫌悪感は親近感に。この好悪の感情をグラフ化すると、親近度がV字の谷に。

ごめん…悪い癖とはわかっているけど面食いで♪

【御萩《おはぎ》】

醜い女のたとえ、「ぼたもち」のもじり。食べれば美味しいことに、深い意味は有るや無しや?

【醜女《しこめ》】

ぶおんな。文字どおり、醜い女のこと。ほかに「悪女(あくじょ)」「おかめちんこ」など。男の場合は「醜男(しこお)」。「醜草(しこぐさ)」といえば、雑草のこと。

【へちゃむくれ】

今で言うところの「ブス!」の意。糸瓜(へちま)の皮がむくれること。転じて、役立たず、意気地なしにも同表現を用いる。

【酉の市の売れ残り】とりのいちのうれのこり

醜い女をいう言葉。江戸時代、酉の市の夜は遊郭も大繁盛。しかし、その夜でさえ売れ残るほどの醜女。

【鬼娘】おにむすめ

鬼のように醜く、恐ろしささえ感じる娘。気性の激しい娘にも使う言葉。鬼嫁は少しは可愛気があるというが、娘は容赦なし。

【ここめ】

化け物や妖怪、鬼を指すこの言葉は、醜女の意味も持つ。なぜ醜男は無関係なのか？　不明。

【狆くしゃ】ちんくしゃ

犬の狆は、目・鼻・口が中央に集まった独特の容貌。その狆が、くしゃみをすると、さらにくしゃくしゃの顔になる。そこから、醜いことをいうように。

【磐長姫】いわながひめ

美人の妹・木花開耶姫（このはなのさくやびめ）と一緒に、天孫瓊瓊杵尊（ににぎのみこと）に献上された女神。しかし、彼女だけが醜かったためにつき返される。同じような立ち位置なのは、『源氏物語』の末摘花（すえつむはな）。

【潮吹き面】しおふきめん

神楽の馬鹿踊りで使う面＝ひょっとこの面。醜男の象徴。

【末成り】うらなり

「青びょうたん」とも。語源は、時期遅れで、ウリなどの実が先のほうにつくこと＝つやがなく味も悪いことから。

【骨皮筋右衛門】ほねかわすじえもん

非常に痩せていて、骨と皮状態の男。女性から見て、あまり「実用的」とは思われないことから、高評価には繋がらない。「細マッチョ」に要・肉体改造。

艶事だって貶《けな》し合い　この色狂いめ！

何を	こう言う	其の心は
もっとちゃんとしよ？	ふしだら	修多羅（しだら＝きちんと束ねる）＋「不」。しまりがない、品行がよくない。たいていは自己完結せず、家族・友人・近隣に不快な気持ちをもたらすことから忌み嫌われる。
人間見た目じゃない！	人形食い	にんぎょうぐい。いわゆる「面食い」。美人だけを狙う人のこと。中身を精査しないため、必然的に多くの個体が必要に。
ともかく落ち着け！	一夜めぐりの君	ひとよめぐりのきみ。数え切れないほどの女性と契りを交わした、元良親王（もとよししんのう・平安時代中期の皇族）の徒名。

艶二郎

鏡を見てからまたおいで

えんじろう。自分をモテ男だと思っている男のこと。山東京伝（さんとうきょうでん）作の洒落本『江戸生艶気樺焼（えどうまれうわきのかばやき）』の主人公の名前から。

不見転

ちゃんと先々を考えて？

みずてん。三流の安芸妓のことで、相手を選ばずに転ぶ＝本来は禁じられている売色を行う。考えなしの尻軽のたとえ。

すべた

もっと評判を気にして！

女性の最低ランク。めくりカルタの遊びで、「点にならない札」から発生。最初は容貌のみをののしる言葉だったが、そのうち全否定の意味合いに。

悪戯者

よく言えば「愛の女狩人」

いたずら者。みだらな者。なかでも、男から男へ渡り歩く女性。体もタフだが、心もタフ。

少しは大人になりなよ

蓮っ葉

はすっぱ。江戸時代、お盆の供物として蓮の葉を売る商売があったが、シーズンのみのビジネス＝際物。そこから「いかがわしい商品」→「いかがわしい、素行の悪い女」と変化。

その病い治らない？

尻癖

しりぐせ。浮気癖。みだら癖。生まれつき？それとも鍛錬の賜物？　いずれにしても、恨みを買わない程度にほどほどに。

色情狂

色狂い

いろぐるい。「色事なくして、なんの人生ぞ」という男の道。清々しいほどではあるが、たいていは、ハタ迷惑。

荒淫

いんだら。生まれついての淫乱、もしくは淫乱でだらしないこと。「烏丸（からすまる）」「裾貧乏（すそびんぼう）」とも。

男女の秘所

女体は〝食するもの〟の如く

何を

そのものずばり！

こう言う

其の心は

おそそ

女性器の異称。「粗相」＝間違いを起こす根源、という意味から発したとか。全女性を敵に回す、古い言葉。

ほと

ほ＝含＝窪んだ（＆秀＝優れた）＋と＝所。窪んだ優れた場所、それが女陰であるということ。このほか「ぼぼ」「玉門（ぎょくもん）」「御黒物（おくろもの）」などとも。

空割

そらわれ。女性器の割れ目のこと。また小陰唇や膣口をさす場合もある。航空券の安売りとは、まったく関係がない。

その姿果実にも似て

実

さね。現代の隠語で「豆」と称するが、いずれにしても古より、小さく可愛らしいものと思われていたことがわかる。

若い女の新鮮な蕾

饅頭

まんじゅう。若い女性の性器のこと。関西弁といわれる。

新鉢

あらばち。新しい鉢＝処女。ちなみに、処女ではない場合、「穴鉢（あなばち）」という。

土器

かわらけ。まだ恥毛が発生していない少女の陰部のこと。もしくは成人女性の無毛状態。実は武士には不評。というのも、矢玉除けに女性の陰毛を持っていく慣わしがあったから。

年増の
渋い
味わい

大変
結構な
お手前で

お茶

おちゃ。関西ではその昔、中年以上の女性器を指した。ゆえにお見合いの席ではお茶を出さず、桜湯や昆布茶を出すようになったとか。

蛸つび

たこつび。いわゆる「名器＝上開（じょうかい）」のひとつ。蛸の吸盤のごとく、男性器に吸い付く状態をいう。

湯ぼぼ

ゆぼぼ。湯＝入浴。入浴後の女性器の具合が大変よろしいと、江戸時代には評価されていた。

巾着ぼぼ

きんちゃくぼぼ。巾着のごとく、入り口がきゅっと締まる名器のこと。昔から大変な好評。

男女の秘所

男体は様々なものにたとえられ…

何を	こう言う	其の心は
男性自身 愛称別称 其の壱	へのこ	陰茎、もしくは睾丸のこと。かつての春本などに、もっとも多く見られる表記。「変な子」を意味したとか。
男性自身 愛称別称 其の弐	得手吉	えてきち。得手＝得意なもの。得手吉＝得意なものの擬人化。それが転じて、男根を意味するように。猿の別称「エテ吉」と同音なのが興味深い。
男性自身 愛称別称 其の参	魔羅	まら。梵語の「māra」が語源。煩悩、もしくは欲界第六天の王。そこから転じて、男根を示すようになったとか。

男性自身愛称別称其の四

おちんちん

語源は諸説あり、小さいことをあらわす接頭語「ちん〜」+矛（ほこ）=「ちんぽこ」。これが「ちんぽこ」→「ちんぽ」→「おちんちん」と変わったとか。

男性自身愛称別称其の伍

金玉

きんたま。精巣、睾丸のこと。「ふぐり」とも。諸説あるが、作家の阿刀田高氏曰く、「酒の玉（きのたま）」。精液をどぶろくに見立てて、精液が作られることからとのこと。

男性自身愛称別称番外編

すぼけ

包茎のこと。発展途上なのか、愛すべき個性なのかは人それぞれ。

用意万端臨戦態勢其の壱

抜き身

ぬきみ。男性器がまるで、鞘から抜いた刀のように反りたっている様子を讃えた表現。姿のよい男性を「反り男（そりおとこ）」との言い方もあり、どうも男は反るといいらしい。

用意万端 臨戦態勢 其の弐

生やす

おやす。勃起すること。文字どおり「生(は)えている」かのごとく。このほか「木のようになる」など。

用意万端 臨戦態勢 其の参

馬敬礼

ばけいれい。馬をしのぐ、馬が敬意を表する=男性器が馬並みにご立派。男性の「大きいことはいいことだ」神話、ここに結実。

用意万端 臨戦態勢 其の四

八寸胴返

はっすんどうがえし。巨根のこと。一寸=3センチに換算。「胴返し」は剣法の基本技のことで、「ともかく凄い」と想像しておけば間違いない。

戦線離脱 意気消沈

提灯

ちょうちん。インポテンツ勃起不全のこと。提灯をたたんだ状態になぞらえるだなんて、同情に値する。なるべくそっとしておこう。

善き男と佳き女の人生訓

【東男に京女、京男には伊勢女】

あずまおとこにきょうおんな、きょうおとこにはいせおんな

しとやかな京女×はっきりした東男、雅で上品な京男×商人の街の女・伊勢女。男女の組み合わせの妙。

【続飯男に糸女】

そくいおとこにいとおんな

続飯＝飯粒を練って作ったのり。続飯男＝続飯でつけた男＝しっかりした男。曰く、男は強靭かつしっかりと、女はしなやかな糸のごとく優しくあれ。

【男だてより小鍋だて】

おとこだてよりこなべだて

男だて＝男の面目。小鍋＝日々の生活の象徴。メンツがなんだ、本当に大事なのは実際の生活なんだ！　男よりも女の叫びか。

【目病み女に風邪引き男】
めやみおんなにかぜひきおとこ

眼病の女、風邪を引いた男が色っぽいかどうか、評価の分かれるところ。

【生添うとは男の習い】
いっしょうそうとはおとこのならい

「愛しているよ」「一生、君だけさ」「もう離さないよ」「浮気なんて絶対しない」——言うは易し、行うは難し。

【嫌じゃ嫌じゃは女の癖】
いやじゃいやじゃはおんなのくせ

女はともかく面倒くさい。好きな男に口説かれるのであっても、まずは「嫌」と言う。時間の無駄と見るか、風情と見るか。

【惚れて通えば千里も一里】
ほれてかよえばせんりもいちり

千里＝約3927キロ、一里＝約3・9キロ。今で言う遠距離恋愛も何のその。好きな人に逢いに行くのなんて、苦労とは思わない。

【恋に焦がれて鳴く蟬よりも鳴かぬ蛍が身を焦がす】

こいにこがれてなくせみよりもなかぬほたるがみをこがす

都都逸（どどいつ）の名作。蟬は、これでもかとうるさく鳴く。しかし、蛍は声を立てず、その身に炎をまとって、ただ悶え飛ぶ……。

【網の目にさえ恋風がたまる】

あみのめにさえこいかぜがたまる

網の目を通り抜ける風。しかし「恋の風」は通れずに、そこに留まる。遊びの恋を提供するプロである遊女。そんな玄人でも、時折、恋風を溜め込んでしまう。

【好いた同士は泣いても連れる】

すいたどうしはないてもつれる

夫婦は愛情があれば、何とかなるもの。思いがけぬ苦労を背負わされても、不運に泣いても、惚れあった同士は生涯、寄り添って励ましあいながら生きていく。

【貞女立てたし間男したし】

ていじょたてたしまおとこしたし

浮気心は男女平等。夫のために操を守ろうとする女心。しかし、同じ心の別の場所では、「浮気しちゃおっかなー」。それが、「人間だもの」。

【割れ鍋に綴じ蓋】

われなべにとじぶた

綴じ蓋＝壊れた箇所を修理した蓋。割れ鍋＝割れてしまって壊れた鍋。これには、修理した蓋がお似合い。誰しもが、似合いの相手がいる。婚活は、あきらめない人だけに結果が出る。

【女房の妬くほど亭主もてもせず】

にょうぼうのやくほどていしゅもてもせず

女房というものは、なぜか焼餅焼き。夫の浮気を心配するが、冷静に「わが宿六」を見直してみるがいい。安心してよし。

【男やもめに蛆が湧き、女やもめに花が咲く】

おとこやもめにうじがわき、おんなやもめにはながさく

男やもめ＝妻に先立たれた男。一人暮らしの男。家事になれない男の暮らしは、不潔になりがち。女やもめ＝未亡人。一人暮らしの女は、手のかかる男がいない分、華やか・晴れ晴れしている。

【笑う門には福来る】

わらうかどにはふくきたる

笑い声が絶えない、楽しいわが家。これ以上の幸せがあるわけがない。

【よ】

よがり泣く　よがりなく……72
夜離　よがれ……146
よこがみ　よこがみ……104
世籠　よごも……76
汚れた者　よごれたもの……102
芳町　よしちょう……93
世付く　よづく……36
夜這い　よばい……71
四目十目　よめとおめ……115
夜目遠目笠の内　よめとおめかさのうち……24
夜の袂　よるのたもと……75
宜女　よろしめ……20
蹌踉めく　よろめく……122
弱蔵　よわぞう……69

【ら】

乱痴気騒ぎ　らんちきさわぎ……136

【り】

溜飲が下がる　りゅういんがさがる……166

【る】

廊下鳶　ろうかとび……86
呂の字　ろのじ……69

【わ】

若衆茶屋　わかしゅちゃや……93
若衆狂い　わかしゅぐるい……94
若衆道　わかしゅどう……91
別れ櫛　わかれのくし……151
脇腹　わきばら……99
鷲掴み　わしづかみ……37
忘れ種　わすれぐさ……155
笑う門には福来る
わらうかどにはふくきたる……183
理無い　わりない……125
割る·割られる　わる·わられる……84
割れ鍋に綴じ蓋　われなべにとじぶた……183

蜜か心　みそかごころ……39
見初める　みそめる……35
御台所　みだいどころ……101
乱れ恋　みだれごい……56
不見転　みずてん……172
みとあたわす　みとあたわす……64
みどりの黒髪　みどりのくろかみ……23
三夫婦　みみょうと……116
見愛ず　みめず……54
雅び男　みやびお……29
身を焦がす　みをこがす……133
身を知雨　みをしるあめ……41
身を焼く　みをやく……133

【む】

むしかえし　むしかえし……73
虫が好かない　むしがすかない……167
虫唾が走る　むしずがはしる……166
睦ごと　むつごと……63
胸の火　むねのひ……133
むやむや　むやむや……134
むらむら　むらむら……134

【め】

女敵　めがたき……50
目くるめく　めくるめく……44
女時　めどき……31
目病み女に風邪引き男
めやみおんなにかぜひきおとこ……181
めらめら　めらめら……134

【も】

燃え渡る　もえわたる……155
蛻の殻　もぬけのから……152
武士　もののふ……97
物の紛れ　もののまぎれ……125
もみじ　もみじ……104
諸恋　もろごい……38, 42
諸白髪　もろしらが……116

【や】

焼餅　やきもち……131
火傷火に懲りず　やけどひにこりず……128
優男　やさおとこ……29
宿下がり　やどさがり……102
宿六　やどろく……117
柳腰　やなぎごし……24
家内喜多留　やなぎたる……111
焼け木杭に火がつく
やめぼっくいにひがつく……156
遣らずの雨　やらずのあめ……46
柔肌　やわはだ……23

【ゆ】

遊君　ゆうくん……83
夕轟　ゆうとどろき……46
行合の空　ゆきあいのそら……46
雪を欺く　ゆきをあざむく……23
指切　ゆびきり……88
指恋　ゆびこい……48
指人形　ゆびにんぎょう……73
湯ぼぼ　ゆぼぼ……176
湯ぼぼ酒まら　ゆぼぼさけまら……73

筆おろし　ふでおろし……68
懐子　ふところご……21
無礼打ち　ぶれいうち……98

【へ】

ベタ惚れ　べたぼれ……44
へちゃむくれ　へちゃむくれ……168
へのこ　へのこ……177
べらぼうめ　べらぼうめ……165
へんねし　へんねし……132

【ほ】

房事　ぼうじ……64
房室　ぼうしつ……66
星合の空　ほしあいのそら……46
絆される　ほだされる……124
火照る　ほてる……127
ほと　ほと……174
余熱　ほとぼり……128
骨皮筋右衛門　ほねかわすじえもん……170
ほの字　ほのじ……36
ぼぼ　ぼぼ……64
惚れ薬　ほれぐすり……60
惚れて通えば千里も一里
ほれてかよえばせんりもいちり……181

【ま】

間男　まおとこ……126
幕切れ　まくぎれ……152
枕浮く　まくらうく……153
枕を重ねる　まくらをかさねる……65
枕を交わす　まくらをかわす……65
枕を攲てる　まくらをそばだてる……65
枕を並べる　まくらをならべる……65
枕を濡らす　まくらをぬらす……65, 75
枕を割る　まくらをわる……65
目合い　まぐわい……63
益荒男　ますらお……27
股座膏薬　またぐらごうやく……161
まだはな　まだはな……83
待ち兼ね　まちかね……104
松の位　まつのくらい……82
待宵　まつよい……46
祭り　まつり……64
惑う　まどう……44
全人　まとうど……164
間合言葉　まにあいことば……163
間夫　まぶ……89
ままごと　ままごと……165
忠実男　まめお……30
廻りを取る　まわりをとる……140
魔羅　まら……177
まんざらでもない　まんざらでもない……36
饅頭　まんじゅう……175

【み】

身請け　みうけ……85
三行半　みくだりはん……150
水揚げ　みずあげ……84
水恋鳥　みずこいどり……47
水性　みずしょう……123
水に燃えたつ蛍
みずにもえたつほたる……40
水の花　みずのはな……105

濡れ気色　ぬれけしき……68
濡れ事師　ぬれごとし……31
濡れ話　ぬればなし……64
濡れ文　ぬれぶみ……64
濡れ坊主　ぬれぼうず……64
濡れ者　ぬれもの……64

【ね】

不寝番　ねずのばん……87
音に泣く　ねになく……154
寝物語　ねものがたり……71
閨　ねや……66
懇ろ　ねんごろ……68
念比　ねんごろ……94
念者　ねんじゃ……94
念仏講　ねんぶつこう……140

【の】

退き去り　のきさり……150
残り香　のこりが……71
蚤の夫婦　のみのふうふ……118

【は】

破瓜　はか……84
葉隠　はがくれ……91
馬敬礼　ばけいれい……179
辱める　はずかしめる……140
蓮っ葉　はすっぱ……173
八寸胴返　はっすんどうがえし……179
初花　はつはな……32
鼻毛を読む・数える・抜く　はなげをよむ……59
花心　はなごころ……122
花代　はなだい……84
花は桜木、人は武士
はなはさくらぎ、ひとはぶし……98
羽を並ぶ　はねをならぶ……114
羽目を外す　はめをはずす……121
張子の虎　はりこのとら……161
春を鬻ぐ　はるをひさぐ……80
般若面　はんにゃづら……136

【ひ】

炎　ひ……133
引け　ひけ……80
密事　ひそかごと……64
左歪み　ひだりゆがみ……118
人目包み　ひとめづつみ……127
一文字　ひともじ……103
一夜めぐりの君　ひとよめぐりのきみ……171
独り相撲　ひとりすもう……39
火嬲り　ひなぶり……124
日日薬　ひにちくすり……155
瓢箪鯰　ひょうたんなまず……165
鵯越え　ひよどりごえ……74
貧の盗みに恋の歌
ひんのぬすみにこいのうた……53

【ふ】

夫婦固めの杯　ふうふかためのさかずき……112
不気味の谷　ぶきみのたに……167
ふぐり　ふぐり……178
ふしだら　ふしだら……171
臥所　ふしど……66
二文字　ふたもじ……103

手掛　てかけ……126
手がつく　てがつく……99
手込め　てごめ……140
手玉に取る　てだまにとる……59
手無し　てなし……106
手前味噌　てまえみそ……162
寺小姓　てらこしょう……92

【と】

薹が立つ　とうがたつ……26
伽　とぎ……99
床杯　とこさかづき……112
床上手　とこじょうず……72
床離る　とこはなる……149
床旧る　とこふる……116
年増　としま……26
鶺鴒　とつぎおしえどり……66
飛び子　とびこ……93
とぼす　とぼす……64
共白髪　ともしらが……116
鳥屋　とや……90
虎が雨　とらがあめ……76
虎の尾を踏む　とらのおをふむ……128
どら者　どらもの……86
酉の市の売れ残り
とりのいちのうれのこり……169
鳥肌が立つ　とりはだがたつ……166
どれ合い夫婦　どれあいめおと……117
泥水　どろみず……81
泥を吐く　どろをはく……142

【な】

長恋／永恋　ながこい……56
投げ櫛　なげくし……151
投げ込み寺　なげこみでら……85
なしのつぶて　なしのつぶて……146
馴染み　なじみ……80
生木を裂く　なまきをさく……152
生恋し　なまこいし……54
艶めかしい　なまめかしい……19
涙雨　なみだあめ……148
涙川　なみだがわ……148
涙の底　なみだのそこ……153
波の花　なみのはな……105

【に】

新枕　にいまくら……65
不憎　にくからず……43
肉欲　にくよく……65
二世を契る　にせをちぎる……113
二八　にはち……25
二本差し　にほんざし……97
にもじ　にもじ……103
若気る　にやける……28
女房の妬くほど亭主もてもせず
にょうぼうのやくほどていしゅもてもせず……183
人形食い　にんぎょうくい……22, 171

【ぬ】

抜き身　ぬきみ……178
抜け駆け　ぬけがけ……60
主様　ぬしさま……87
濡れ　ぬれ……64
濡れ掛く　ぬれかく……64

続飯男に糸女　そくいおとこにいとおんな 180
其様　そさま……87
そしりはしり　そしりはしり……162
ぞぞ髪　ぞぞがみ……167
袖時雨　そでしぐれ……154
袖に時雨る　そでにしぐる……154
空知らぬ雨　そらしらぬあめ……154
そら泣き　そらなき……72
空割　そらわれ……174
反り男　そりおとこ……178
其者　それしゃ……80

【た】

手弱女　たおやめ……20
手折る　たおる……41
集り　たかり……142
高嶺の花　たかねのはな……40
滝枕　たきまくら……153
竹屋の火事　たけやのかじ……163
蛸つび　たこつび……176
縦横沙汰　たてよこざた……162
七夕　たなばた……87
魂合う　たまあう……42
玉の輿　たまのこし……101
駄味噌　だみそ……162

【ち】

契り酒　ちぎりざけ……112
茶臼　ちゃうす……74
中年増　ちゅうどしま……26
蝶々喃喃　ちょうちょうなんなん……67
ちょっかいを出す　ちょっかいをだす……122
提灯　ちょうちん……179
ちょんの間　ちょんのま……71
狆くしゃ　ちんくしゃ……169
ちんけ　ちんけ……164
ちんちん　ちんちん……131
ちんちんかもかも　ちんちんかもかも……68

【つ】

番　つがい……113
月役　つきやく……32
月夜に釜を抜かれる
つきよにかまをぬかれる……94
九十九髪　つくもがみ……26
付け馬　つけうま……90
筒井筒　つついづつ……36
美人局　つつもたせ……139
つとめ　つとめ……84
角　つの……132
夫恋　つまごい……49
妻恋　つまごい……49
妻恋鳥　つまごいどり……47
妻問い　つまどい……45
摘み食い　つまみぐい……121
詰め腹　つめばら……98
艶事　つやごと……63
強蔵　つよぞう……69

【て】

手活けの花　ていけのはな……85
貞女立てたし間男したし
ていじょたてたしまおとこしたし……182
手討ち　てうち……98

しずかに　しずかに……74
下恋　したごい……54
下焦がる　したこがる……39
七両二分　しちりょうにぶ……126
湿深い　しつぶかい……69
しっぽり　しっぽり……67
しどけない　しどけない……58
褥　しとね……65
しなだれる　しなだれる……58
品を作る　しなをつくる……59
忍び女　しのびおんな……139
しぶり牛蒡　しぶりごぼう……87
斜に構える　しゃにかまえる……59
宿縁　しゅくえん……156
宿命　しゅくめい……156
修羅を燃やす　しゅらをもやす……135
上開　じょうかい……176
上臈　じょうろう……83
初会　しょかい……80
女郎　じょろう……83
白拍子　しらびょうし……83
尻癖　しりぐせ……173
白さぎ　しろさぎ……141
しろもの　しろもの……105
白湯文字　しろゆもじ……81
腎虚　じんきょ……69
甚助を起こす　じんすけをおこす……135
新造　しんぞう……25
しんねこ　しんねこ……45
腎張り　じんばり……69

【す】

水火の苦しみ　すいかのくるしみ……155
好いた同士は泣いても連れる
すいたどうしはないてもつれる……182
好いたらしい　すいたらしい……35
据え膳　すえぜん……31
清女　すがしめ……20
すかすか　すかすか……104
隙間風　すきまかぜ……145
数寄者　すきもの……121
好き業　すきわざ……122
頭巾被り　ずきんかぶり……112
宿世　すくせ……156
助平　すけべえ……74
少嫉　すこやけ……132
鈴を張ったような目　すずをはったようなめ 23
須勢理毘売　すせりびめ……137
裾っぱり　すそっぱり……68
裾貧乏　すそびんぼう……173
裾腋臭　すそわきが……68
すっとこどっこい　すっとこどっこい……165
窄若衆　すばりわかしゅ……91
すべた　すべた……172
すぼけ　すぼけ……178
すぼけ息子　すぼけむすこ……164
素枕　すまくら……75
するする　するする……104

【せ】

攻めの一本槍　せめのいっぽんやり……60

【そ】

総花　そうばな……85

蛍が身を焦がす
こいにこがれてなくせみよりもなかぬほたるがみをこがす……182
恋の鞘当　こいにさやあて……41
恋猫　こいねこ……47
恋の重荷　こいのおもに……56
恋の関守　こいのせきもり……52
恋の端　こいのつま……37
恋の虜　こいのとりこ……49
恋の奴　こいのやっこ……49
恋の山　こいのやま……52
恋の闇路　こいのやみじ……51
恋人　こいびと……50
恋震い　こいぶるい……55
恋水　こいみず……51
恋闇　こいやみ……51
恋止む　こいやむ……57
恋忘れ貝　こいわすれがい……48
恋忘れ草　こいわすれぐさ……48
恋渡る　こいわたる……56
恋侘ぶ　こいわぶ……56
小言幸兵衛　こごとこうべえ……160
ここめ　ここめ……169
心妻　こころづま……39
御新造さん　ごしんぞうさん……25
異心　ことごころ……124
子仲　こなか……115
五人組　ごにんぐみ……76
子福者　こぶくしゃ……115
～小町　こまち……24
転び合い　ころびあい……128
転ぶ　ころぶ……89
衣片敷く　ころもかたしく……75
薄茹　こんがりやく……132

【さ】

さいぎょう　さいぎょう……104
さがな口　さがなぐち……162
酒入れ　さけいれ……111
笹の雪　ささのゆき……97
私語　ささめごと……43
させ上手　させじょうず……72
果　さね……175
侍盗人　さぶらいぬすびと……98
さもじ　さもじ……105
鞘当　さやあて……41
去　さられ……150
去荷　さられに……150
三度三献　さんどさんこん……112

【し】

仕合わせ　しあわせ……43
地色　じいろ……123
地謡男　じうたいおとこ……160
仕落ち　しおち……89
潮解く　しおどく……154
潮吹き面　しおふきめん……170
色欲　しきよく……65
時雨　しぐれ……148
時雨心地　しぐれごこち……41
醜男　しこお……168
地獄　じごく……139
醜草　しこぐさ……168
醜女　しこめ……168
肉置き　ししおき……24

【き】

消え侘ぶ　きえわぶ……57
生男　木男　きおとこ……160
気が悪くなる　きがわるくなる……70
菊根性　きくこんじょう……161
菊座　きくざ……94
起請彫り　きしょうぼり……88
木のようになる　きのようになる……179
木は檜、人は武士　きはひのきひとはぶし　98
吉備津の釜　きびつのかま……138
生娘　きむすめ……25
決め酒　きめざけ……111
花文字な　きゃもじな……108
行水　ぎょうずい……32
玉代　ぎょくだい……84
玉門　ぎょくもん……174
気をやる　きをやる……70
金玉　きんたま……178
金茶金十郎　きんちゃきんじゅうろう……86
巾着切り　きんちゃくきり……141
巾着ぼぼ　きんちゃくぼぼ……176

【く】

釘酒　くぎざけ……111
傀儡女　くぐつめ……83
腐れ合い　くされあい……125
燻べ顔　くすべがお……135
口吸い　くちすい……69
唇を反す　くちびるをかえす……163
唇を翻す　くちびるをひるがえす……163
首っ丈　くびったけ……42
公方様　くぼうさま……99
雲となり雨となる　くもとなりあめとなる……45
厄　くや……131
くらくら　くらくら……134
眩む　くらむ……44
郭　くるわ……79
黒さぎ　くろさぎ……141
黒焼　くろやき……132

【け】

経水　けいすい……32
傾城　けいせい……83
蹴転　けころ……83
毛雪駄　けぜった……73
けり　けり……151

【こ】

恋余る　こいあまる……55
恋うらく　こうらく……55
恋風　こいかぜ……51
恋風　こいかぜ……182
恋敵　こいがたき……50
恋川春町　こいかわはるまち……53
恋草　こいぐさ……48
恋醒め　こいざめ……57
恋路ケ浜　こいじがはま……53
恋死に　こいじに……57
恋知り　こいしり……50
恋塚　こいづか……52
恋妻　こいづま……49
恋泥棒　こいどろぼう……50
恋に焦がれて鳴く蝉よりも鳴かぬ

男旱り　おとこひでり……155
男冥加　おとこみょうが……31
男妾　おとこめかけ……126
男やもめに蛆が湧き、女やもめに花が咲く
おとこやもめにうじがわき、
おんなやもめにはながさく……183
貶め言　おとしめごと……162
おなら　おなら……106
おにぎにぎ　おにぎにぎ……108
鬼夫婦　おにふうふ……114
鬼娘　おにむすめ……169
おぬる　おぬる……107
御猫様　おねこさま……102
己が世世　おのがよよ……150
御萩　おはぎ……168
御腹様　おはらさま……101
おひしひし　おひしひし……108
おひや　おひや……105
お昼なる　おひるなる……107
御部屋様　おへやさま……101
おぼこ娘　おぼこむすめ……25
おまけ　おまけ……106
おむさむさ　おむさむさ……108
御目見え　おめみえ……100
思い初む　おもいそむ……35
御役　おやく……106
親子田分　おやこたわけ……141
親子丼　おやこどん……127
生やす　おやす……179
女医者　おんないしゃ……32
女殺し　おんなごろし……30
女丈夫　おんなじょうぶ……21
女の魂　おんなのたましい……97
女旱り　おんなひでり……155

【か】

嚊右衛門　かかあうえもん……117
嚊左衛門　かかあざえもん……117
嚊大明神　かかあだいみょうじん……117
鍵言葉　かぎことば……88
柿根性　かきこんじょう……161
香しい　かぐわしい……35
陰間　かげま……93
陰間茶屋　かげまちゃや……93
蜻蛉日記　かげろうにっき……137
託ち泣き　かこちなき……153
片恋　かたこい……38
片心　かたごころ……38
片便り　かただより……60
がっかりする　がっかりする……70
門送り　かどおくり……112
拐かし　かどわかし……142
愛しい　かなしい……44
鉄輪　かなわ……138
顔佳人　かおよひと……22
釜　かま……94
釜を抜く　かまをぬく……94
髪文字　かもじ……106
烏丸　からすまる……173
離れ方　かれがた……145
河竹　かわたけ……81
土器　かわらけ……175
堪忍五両　かんにんごりょう……126

得手吉　えてきち……177
艶二郎　えんじろう……172
縁は汚いもの　えんはきたないもの……146
縁は異なもの味なもの
えんはいなものあじなもの……146

【お】

おいそれ乙女　おいそれおとめ……123
おいたみ　おいたみ……105
花魁　おいらん……82
御上　おうえ……115
大奥　おおおく……100
雄雄しい　おおしい……27
大年増　おおどしま……26
大引け　おおびけ……80
御方狂い　おかたぐるい……86
お門違い　おかどちがい……166
岡惚れ　おかぼれ……38
御釜が割れる　おかまがわれる……149
御上　おかみ……101, 115
おかめちんこ　おかめちんこ……168
御清　おきよ……102
お清の者　おきよのもの……102
おぐし　おぐし……106
奥床しい　おくゆかしい……19
御黒物　おくろもの……174
御香香　おこうこう……105
御小姓　おこしょう……92
御匙　おさじ……102
おさびさび　おさびさび……108
おしげり　おしげり……63
おしし　おしし……107
お静まり　おしずまり……107
御褥御断り　おしとねおことわり……76
御褥すべり　おしとねすべり……76
押しの一手　おしのいって……60
御職　おしょく……82
おするする　おするする……108
怖気を震う　おぞけをふるう……167
おそそ　おそそ……174
お茶　おちゃ……176
御茶を引く　おちゃをひく……84
おちょうず　おちょうず……107
おちょぼ　おちょぼ……83
おちょぼ口　おちょぼぐち……83
おちんちん　おちんちん……178
おっこち　おっこち……66
追っ竹酒　おったけざけ……112
おつべた　おつべた……105
お妻八郎兵衛　おつまはちろべえ……138
御手付き　おてつき……100, 101
御手付き中臈　おてつきちゅうろう……100
おとう　おとう……107
男時　おどき……31
侠気　おとこぎ……27
男切れ　おとこぎれ……28
男す　おとこす……64
乙御前　おとごぜ……22
男伊達　おとこだて……28
男だてより小鍋だて
おとこだてよりこなべだて……180
お床になる　おとこになる……107
男望み　おとこのぞみ……37
男の魂　おとこのたましい……97

いっしょうそうとはおとこのならい……181
井手の下帯　いでのしたおび……156
暇乞い　いとまごい……149
古人　いにしえびと……155
命の洗濯　いのちのせんたく……70
荊を負う　いばらをおう……142
今業平　いまなりひら……28
妹背結び　いもせむすび……114
芋田楽　いもでんがく……127
嫌じゃ嫌じゃは女の癖
いやじゃいやじゃはおんなのくせ……181
いよし御見　いよしごけん……89
入黒子　いれぼくろ……88
色　いろ……66, 89
情男　いろ……89
情人　いろ……89
色男　いろおとこ……21
色女　いろおんな……21
色敵　いろがたき……50
色客　いろきゃく……89
色狂い　いろぐるい……173
色子　いろご……92
色事師　いろごとし……31
色里　いろさと……81
色仕掛け　いろじかけ……58
色所　いろどころ……81
色直しの杯　いろなおしのさかずき……112
色に出ず　いろにいず……40
磐長姫　いわながひめ……170
荒淫　いんだら……173
淫欲　いんよく……65

【う】

憂い　うい……146
上様　うえさま……101
浮れ男　うかれお……29
浮かれ烏　うかれがらす……123
浮き浮き　うきうき……43
憂河竹　うきかわたけ……81
浮河竹の流れの身　うきかわたけのながれのみ　81
浮き寝　うきね……125
浮き寝の鳥　うきねのとり……125
うじうじ　うじうじ……40
牛の刻参り　うしのときまいり……136
宇治の橋姫　うじのはしひめ……137
後言　うしろごと……162
宴の追酒　うたげのおいざけ……112
内股膏薬　うちまたごうやく……161
現を抜かす　うつつをぬかす……44
うてんつ　うてんつ……86
姥桜　うばさくら……26
馬　うま……32, 90
梅根性　うめこんじょう……161
末成り　うらなり……170
裏をかえす　うらをかえす……80
瓜実顔　うりざねがお……22
胡乱者　うろんもの……160
後妻打ち　うわなりうち……118
後妻嫉妬　うわなりねたみ……135

【え】

えご六腑　えごろっぷ……32
猿　えて……90

索引

【あ】

相合傘　あいあいがさ……45
相生　あいおい……113
敵娼　あいかた……79
相具す　あいぐす……113
相杯　あいさかずき……112
愛想も小想も尽き果てる
あいそもこそもつきはてる……151
相惚れ　あいぼれ……38, 42
曖昧屋　あいまいや……79
愛欲　あいよく……65
相和す　あいわす……113
あえか　あえか……20
葵上　あおいのうえ……138
青さぎ　あおさぎ……141
青びょうたん　あおびょうたん……170
赤さぎ　あかさぎ……141
明し花　あかしばな……84
赤良乙女　あからおとめ……21
秋風が立つ　あきかぜがたつ……147
秋風が吹く　あきかぜがふく……147
秋の扇　あきのおうぎ……147
秋の鹿は笛に寄る　あきのしかはふえによる 148
秋の袖　あきのそで……148
秋の袂　あきのたもと……148
秋の契　あきのちぎり……147
悪女　あくじょ……168
揚げ銭　あげぜに……84
揚代　あげだい……84
東男に京女、京男には伊勢女
あずまおとこにきょうおんな、きょうおとこにはいせおんな 180
汗みずく　あせみずく……67
遊女　あそびめ……83
徒比べ　あだくらべ……136
徒し男　あだしおとこ……30
婀娜っぽい　あだっぽい……19
徒惚れ　あだぼれ……38
徒枕　あだまくら……152
穴鉢　あなばち……175
兄分　あにぶん……92
油紙へ火がついたよう
あぶらがみへひがついたよう……163
網の目にさえ恋風がたまる
あみのめにさえこいかぜたまる……182
荒仕事　あらしごと……141
新鉢　あらばち……175
蟻地獄　ありじごく……127

【い】

飯匙増　いいがまし……118
飯田左内　いいださない……159
如何物食い　いかものぐい……37
息衝かし　いきづかし……145
石地蔵　いしじぞう……161
石部金吉　いしべきんきち……159
伊勢屋与惣治　いせやよそじ……159
悪戯　いたずら……140
悪戯者　いたずらもの……172
一押し二金三男
いちおしにかねさんおとこ……30
一期の男　いちごのおとこ……116
一枚かわ　いちまいかわ……114
一生添うとは男の習い

参考文献

『言いえて妙な　言葉選び辞典』学研辞書編集部編（学習研究社）
『美しい日本語の辞典』小学館辞典編集部編（小学館）
『江戸の性語辞典』永井義男著（朝日新聞出版）
『現代語から古語を引く辞典』芹生公男編（三省堂）
『御所ことば』井之口有一・堀井令以知著（雄山閣）
『合本俳句歳時記　第四版』角川学芸出版編（KADOKAWA）
『辞書にない「ことばと漢字」3000』パキラハウス著（講談社）
『新版〈目からウロコ〉の日本語「語源」辞典』学研辞典編集部編（学習研究社）
『使ってみたい　武士の日本語』野火迅著（文芸春秋）
『日本語源広辞典〔増補版〕』増井金典著（ミネルヴァ書房）
『日本の恋の歌～貴公子たちの恋～』馬場あき子（角川学芸出版）

本書の一部の文言に、差別的な言葉や不快表現もありますが、「古い時代から使われていた日本の言葉を集める」という本書の特性および、その言葉の歴史性などを考慮し、そのままにしております。

青春文庫

これを大和《やまと》言葉《ことば》で言《い》えますか？

【男《おとこ》と女編《おんなへん》】

和《わ》の言《い》い方《かた》なら、こんなに美《うつく》しい！

2015年8月20日　第1刷

著　者　知《ち》的《てき》生《せい》活《かつ》研《けん》究《きゅう》所《じょ》

発行者　小澤源太郎

責任編集　株式会社プライム涌光

発行所　株式会社青春出版社

〒162-0056　東京都新宿区若松町 12-1
電話 03-3203-2850（編集部）
03-3207-1916（営業部）
振替番号　00190-7-98602

印刷／大日本印刷
製本／ナショナル製本

ISBN 978-4-413-09627-0